Hermann Friesen

Das Buch : Shakspere von Gervinus

Hermann Friesen

Das Buch : Shakspere von Gervinus

ISBN/EAN: 9783744622943

Hergestellt in Europa, USA, Kanada, Australien, Japan

Cover: Foto ©ninafisch / pixelio.de

Weitere Bücher finden Sie auf **www.hansebooks.com**

SHAKSPERE VON GERVINUS.

———

Das Buch:

SHAKSPERE: VON GERVINUS.

Ein Wort über dasselbe.

Von

H. FREIHERRN VON FRIESEN.

——— — ———

Leipzig 1869.

Wilhelm Baensch Verlagshandlung.

Vorwort.

Indem ich den gegenwärtigen Aufsatz dem Druck übergebe, kann ich mich darüber nicht täuschen, dass er wegen seines Mangels an Abrundung oder sonst in formeller Hinsicht für eine Dillettantenarbeit angesehn werden wird. Das ist er auch seiner Entstehung nach, da ich bei seiner Abfassung keineswegs die Veröffentlichung desselben, sondern nur den Zweck vor Augen hatte, mir selbst über die erörterten Fragen klar zu werden. Daher hat er auch mehrere Jahre unter meinen Concepten geruht und während dieser Zeit nur vertrauten Freunden vorgelegen, bis Einige unter diesen mich zur Veröffentlichung desselben anregten. Nun hätte ich allerdings eine Revision desselben vornehmen sollen; denn, wiewohl ich an den Grundansichten, auf denen er beruht, im Verlaufe der Zeit nichts zu ändern gefunden habe, ist dennoch in der Ausführung Manches nicht so geschrieben, als ich es heute schreiben würde. Es wird es aber Jeder, der sich mit · literarischen Arbeiten aus persönlicher Neigung beschäftigt, an sich selbst erfahren haben, dass gerade solche Auslassungen, welche aus einer momentanen Stimmung erwachsen, desshalb am Schwersten einer erfolgreichen Umarbeitung zu unterwerfen sind, weil es nicht leicht ist, die vorübergegangene Stimmung wieder zu finden. In diesem Falle befinde ich mich auch gegenüber dieser Arbeit; nur dass noch überdiess die Zeit zu einer sorgfältigen Durchsicht mangelt. Ob dieses Bekenntniss als Entschuldigung für manche Unvollkommenheiten in der Ausführung gelten dürfe, muss ich zwar dem Urtheile der Leser überlassen, doch darf ich vielleicht bei Manchem derselben, wenn er sich in gleichem Falle mit mir befunden hat, auf wohlwollende Nachsicht rechnen.

Dresden im Monat Mai 1869.

H. v. Friesen.

Es ist begreiflich, dass mit dem Rufe, den ein Schriftsteller geniesst, nicht die Erwartungen allein, sondern auch die Anforderungen steigen, welche man an seine Werke stellt. Wenn dazu die Arbeit desselben auch einem Gegenstande von der höchsten Bedeutung gewidmet ist, wird man mit verdoppelter Begierde nach erschöpfender Gediegenheit aussehn. Beides trifft zusammen bei dem Werke von Gervinus über Shakspere. Was durfte das deutsche Publikum nicht von einem Manne erwarten, dessen Name in der· Geschichte der deutschen Nationalliteratur für Epoche machend gilt. Welcher reichen und glänzenden Erndte durfte nicht auf diesem Felde, in der Beurtheilung des erhabensten und tiefsinnigsten Dichters entgegengesehn werden. Und in der That scheint es, als ob die Erwartungen und Höffnungen vieler Verehrer des grossen und unerforschlichen Dichters durch die Auslassungen von Gervinus vollständig befriedigt, ja vielleicht noch übertroffen worden seien. Denn das gefeierte Werk hat seit seinem ersten Erscheinen im Jahre 1849 schon drei Auflagen erlebt. Auch ist es in's Englische übersetzt und, wie man berichtet, auch in England nicht wenig gepriesen worden.

Unter solchen Umständen kann es fast für verwegen gehalten werden, eine entgegenstehende Meinung auszusprechen; und doch ist es nicht möglich, dieselbe zurückzuhalten, wenn man dem Gegenstande, welchem das Werk gewidmet ist, mit inniger Liebe und Verehrung ergeben

ist. Man wird es um so weniger können, wenn man sich
überzeugt hat, dass diesem Gegenstande der Liebe und
Verehrung von einem im Gebiete der Kritik und Litera-
tur im höchsten Maasse gefeierten Schriftsteller sein Recht
nicht gewährt wird.

Dass in den zwei umfangreichen Bänden — die in
der Ausgabe letzter Hand uns vorliegen — an Shakspere's
dichterische Grösse ein hoher, ja selbst der höchste Maasstab angelegt ist, wird niemand leugnen wollen. Es ist
daher nicht die wiederholt ausgesprochene Schätzung und
Bewunderung, mit der man zu rechten hätte. Noch weniger vermisst man den fast wunderbaren Fleiss, mit dem
alle Arbeiten von Gervinus zu Papiere gebracht sind. Es
fehlt ferner nicht an Spuren einer erleuchteten Auffassung,
und von diesem Standpunkte aus ist es begreiflich, dass
ein lesebegieriges Publikum dieses Werk mit Beifall auf-
genommen hat. Dass der überaus arbeitsame und begabte
Verfasser ausgedehnte Vorstudien gemacht haben muss,
dass ihm ferner Gedanken und Worte in reicher Fülle zu
Gebote stehn, könnte nur von einem befangenen und miss-
günstigen Urtheile geleugnet werden. Ob dagegen in der
Betrachtung der Vorfragen die Ruhe und Unbefangenheit
eines gründlichen Beobachters vorgeherrscht habe, ob die
Resultate derselben mit genügender Klarheit und nach
erschöpfender Beleuchtung der vorliegenden Fragen vor
den Lesern ausgebreitet sind, muss an vielen Stellen be-
zweifelt werden. Darf man nach der Form des Vortrages
urtheilen, so kann man sich des Verdachtes nicht erwehren, dass die Prüfung der Quellen und der aus ihnen zu
entnehmenden Urtheile mit allzuflüchtiger Eile gemacht
worden sei. Gewiss ist es mindestens nicht zum Vortheil
des Verfassers, wenn bei dem Anführen fremder Meinungen fast niemals die Stelle, ja nicht einmal die Schrift,

aus der sie entlehnt sind, genannt wird. Man fühlt sich durch diesen Mangel, besonders bei Gegenständen von entscheidender Bedeutung, sehr häufig in der unbehaglichen Ungewissheit darüber, ob die Anführung dem Sinne des Originals vollständig entspreche, oder ob den ursprünglichen Worten nicht ein anderer Sinn untergelegen haben könne. So sehr man in dieser Beziehung den Uebelstand einer allzueiligen Arbeit zu beklagen hat, so wird derselbe noch drückender in der Unklarheit und in der Verworrenheit, die sich nicht selten des Vortrags bemächtigt. Unnöthige Wiederholungen und unaufgelöste Widersprüche fallen häufig und störend auf. Es finden sich selbst nicht wenige Stellen, wo man sich des Eindrucks nicht erwehren kann, als habe der Verfasser, ohne sich Zeit und Musse zur Abklärung der Gedanken zu gönnen, der augenblicklichen Inspiration zu viel vertraut und als sei Auffassung, Urtheil und Niederschrift, zum Nachtheile der Aufgabe, in einen Moment zusammengefallen. Nicht blos die Oberflächlichkeit, die allenfalls der Hast und Eile eines Tagesschriftstellers nachgesehn, bei einer so ernsten Aufgabe aber kaum gebilligt werden darf, ist in solchen Fällen der wesentliche Gegenstand der Klage. Vielmehr sind Dunkelheiten, die jedem erschöpfenden Verständniss widerstreben, und Fehlschlüsse oder Missverständnisse, die den Gegenstand der Beurtheilung und Beleuchtung in ein durchaus falsches Licht stellen, die weit drückenderen Folgen solcher Mängel; und es ist daher nicht zu vermeiden, dass man zwischen der Entscheidung darüber schwankt, ob der unleugbar begabte Verfasser mit einer zu grossen Sorglosigkeit und Uebereilung gearbeitet, oder ob es ihm in der That an der genügenden Befähigung gefehlt habe. Das wenigstens drängt sich als die wahrscheinlichste Annahme auf, dass ihm die Begeisterung, die von dem unabweislichen Berufe zu einer bestimmten Aufgabe eingeflösst zu werden pflegt, nicht zur Seite gestanden habe.

Von einer befriedigenden und den Preis der Gediegenheit verdienenden Lösung der allerdings schweren Aufgabe kann daher kaum die Rede sein, wenngleich in einigen Erläuterungen einzelner Stücke glückliche Gedanken nicht fehlen und in dieser Hinsicht manche Anschauung gegeben wird, die einen neuen Beitrag zu ihrem Verständniss liefert.

Sollten diese Bemängelungen an dem ganzen Werke nachgewiesen werden, so würde ein Buch von beinahe der doppelten Ausdehnung erforderlich sein. Da es indessen mehr als unbillig sein würde, sie ohne allen Nachweis ausgesprochen zu haben, so stelle ich mir die Aufgabe, den gewichtigsten Gegenstand unter diesen Vordersätzen genauer zu betrachten. Dies ist ohne Frage derjenige Abschnitt des zweiten Bandes (p. 550—586), der zur Darstellung der Grundzüge von Shakspere's sittlicher Anschauung bestimmt ist. Dass es hierbei nicht darauf allein ankommen kann, das Missverständniss abzuweisen, sondern sich weit mehr darum handeln muss, das Verständniss von Shakspere's sittlichen Anschauungen nach Kräften zu befördern, wird kaum noch erwähnt werden dürfen. Nur für diejenigen, die versucht sein könnten, in dem weitausgreifenden Auslassungen Abschweifungen zu bemerken, wird diese Erinnerung nothwendig scheinen.

Um dem Vorwurf der einseitigen Auffassung möglichst zu entgehn, hat es am zweckmässigsten geschienen, die Auslassungen des Buches so wenig als möglich zu referiren, sondern wörtlich wiederzugeben.

· Gleich im Beginn dieses Abschnittes lesen wir,

dass es (bei diesen Auslassungen) sich um ein eigent-

liches ausgesponnenes System einer Sittenlehre nicht handeln kann.

Es darf für zweifelhaft gehalten werden, ob es dieses Vorbehaltes bedürfe. Wir haben es hier mit derjenigen Poesie zu thun, die uns von den lebhaftesten und heftigsten, oft einander durchkreuzenden Bewegungen des menschlichen Lebens ein treues Bild geben soll. Menschliche Leidenschaften und göttliche Schickungen sind es doch vorzugsweise, was wir in dramatischen Dichtungen sehn wollen. In dem Kampfe zwischen diesen Gewalten das *ausgesponnene System einer Sittenlehre* aufsuchen zu wollen, möchte eben so unangemessen sein, als wenn man von dem Leben fordern wollte, dass es uns ein solches System vor die Augen legen solle. Es kann sich vielmehr nur darum handeln, zu prüfen, inwiefern die Anschauungen dieser Bewegungen mit denjenigen Ueberzeugungen in Einklang zu bringen sind, auf welchen wir die, unsere Handlungen leitende, Sittenlehre aufgebaut haben, gleichwie wir bei den Erfahrungen des wirklichen Lebens uns immer wieder von Neuem werden fragen müssen, ob die in unserem Innern festgestellten Ueberzeugungen mit diesen Erfahrungen in gegenseitiger Harmonie stehn.

Dasselbe wird von der Religion selbst und von religiösen Ueberzeugungen gelten müssen. Ist es wahr, dass Shakspere religiöse Betrachtungen in seinen Werken bei Seite lasse, wie Gervinus sagt, so folgt er darin nur dem Vorbilde des Lebens, das er uns darzustellen bestrebt ist. Auch im Leben und vorzugsweise in einem, durch Leidenschaften auf der einen, und gewaltige Schickungen auf der anderen Seite, bewegten Leben sind weder religiöse Betrachtungen, noch positiv aufgestellte Glaubenslehren zu suchen. Wohl aber wird es uns, wenn wir das Leben betrachten, eben so sehr Bedürfniss sein, uns darüber klar zu werden, ob unsere religiösen Ueberzeugungen in demselben Bestätigung finden, als wir gedrängt sein werden, uns dieselbe Frage bei der Anschauung von Dichtungen zu beantworten, die vorzugsweise dazu bestimmt sind, uns ein Bild des Lebens zu geben.

So wenig daher in beiden Beziehungen von einem ausgesponnenen System die Rede sein kann, so wird es dennoch um so mehr auf abgeklärte und fest aufgestellte Ueberzeugungen ankommen. Ob wir diese in den Dichtungen, die unserer Betrachtung unterliegen, bestätigt oder widerlegt finden, muss begreiflicher Weise weit mehr der Gegenstand unserer Untersuchung sein, als die Herstellung eines *ausgesponnenen Systems.* Und dies ist um so mehr im Auge zu behalten, als es sich bei Dichtungen, und namentlich bei dramatischen, nicht um Aufstellung von Grundsätzen und Begriffen, die doch allein die Basis eines Systems bilden können, wohl aber um Anschauungen und Ideen handeln muss, aus welchen wohl Ueberzeugungen geschöpft, nicht aber Systeme ausgesponnen werden können.

Indem wir nun bei der Untersuchung der Frage, welches die aus Shakspere's Dichtungen zu entnehmenden Grundzüge seiner sittlichen Anschauung seien, voraussetzen durften, dass dabei von vollständig abgeklärten und sicher festgestellten sittlichen und religiösen Ueberzeugungen ausgegangen werden müsse, finden wir uns bei der Betrachtung dieser Auslassungen im höchsten Grade getäuscht. Nicht genug, dass sich dieselben in ein beschwerliches Dunkel hüllen; sie leiden auch dergestalt an inneren Widersprüchen, dass wir oft in Verlegenheit sind, was wir annehmen, was wir verwerfen sollen.

Dunkel ist es jedenfalls, wenn p. 551 gesagt wird:

Das sittliche System Shakspere's hat Pope treffend als ein ganz weltliches bezeichnet, das der Dichter im

Gegensatz stelle zu den Begriffen, die aus der Offenbarung gewonnen werden, und das er für hinlänglich halte, deren Platz einzunehmen.

Ob Pope diesen Ausspruch wirklich gethan hat, ist bei dem Mangel einer Hinweisung auf eine bestimmte Stelle nicht sofort zu entscheiden. Gewiss aber müsste es verwunderlich scheinen, wenn Pope diese Behauptung ganz so, wie sie hier wiedergegeben ist, aufgestellt hätte, ohne dass dadurch in der ganzen christlichen Welt ein lebhafter Widerspruch hervorgerufen worden wäre. Denn sie ist von bei Weitem grösserer Ausdehnung in ihrer Abweisung von allem Christlichen, als Alles, was bisher von irgend einem Naturalisten von Cherbury an bis auf die neuesten Zeiten aufgestellt worden ist. Unter allen denen, die sich für veranlasst gehalten haben, die Thatsachen, welche wir in der Offenbarung verehren, sei es als willkührliche Fälschungen oder als einen frommen Mythos zu bezeichnen, hat es noch kein Einziger versucht, ein sittliches System aufzustellen, das den Gegensatz zu denjenigen Begriffen — man muss doch annehmen, dass hier von sittlichen Begriffen die Rede ist — welche der Offenbarung zu entnehmen sind, zu bilden habe. Wiewohl Voltaire mit vielem Scharfsinn und nach ihm Manche mit mehr oder minderer Befähigung bestrebt gewesen sind, sich sittliche Systeme zu bilden, aus welchen einzelne, aus der Offenbarung zu entnehmende, Begriffe und Grundsätze ausgeschlossen waren, so gingen dennoch ihre Bestrebungen stets mehr auf den Nachweis darüber, dass eine Sittenlehre, wie sie aus der Offenbarung zu entnehmen sei, eben so wohl, oder vielleicht noch besser aus der reinen Vernunft des Menschen zu schöpfen sei, nicht aber darauf, eine Sittenlehre aufzustellen, die mit den aus der Offenbarung zu gewinnenden Begriffen den Gegensatz bilden solle. In keiner Zeit ist, gleichviel ob in löblicher oder verwerflicher Weise, die Sittenlehre in allen Predigten mehr betont worden, als damals, wo die naturalistische Aufklärung, wie sie von Cherbury, Bolingbroke, Voltaire und den Freimaurern angebahnt worden war, in ihrer höchsten Blüthe stand. Wie wenig man aber dabei daran dachte, mit den aus der Offenbarung zu entnehmenden Begriffen in entschiedenen Widerspruch zu treten und im Gegensatz mit denselben ein sittliches System aufzustellen, das genügend sei, deren Platz einzunehmen, geht schon daraus hervor, dass es gerade in jenen Zeiten gleichsam zur Mode geworden war, den Heiland als den sittlichsten Menschen zum Muster bei der Befolgung dieser Sittenlehre aufzustellen.

Wir lesen ferner p. 552:

> *Und so taucht Shakspere, von derselben Erfahrung bestürzt* (nämlich von den Erfahrungen aus seiner Zeit und Vorzeit), *wenn er sich sittlichen Rath holen sollte, am liebsten in die Offenbarung ein, die Gott in das menschliche Herz geschrieben hat.*

Dass hier von der Offenbarung der Heiligen Schrift nicht die Rede sein soll, wird kaum eines erläuternden Wortes bedürfen. Wiewohl auch diese sich in erster Stelle an das Herz, mit andern Worten an die Empfindung wendet, wird dennoch der Verfasser dieses Satzes nicht behaupten wollen, dass die Niederschrift dieser Offenbarung in das menschliche Herz dazu genügen könne, um bei der Bestürzung über harte und bittere Erfahrungen unter allen Umständen den rechten Weg für Bewahrung der Sittlichkeit zu zeigen. Vielmehr ist es gerade diese Bestürzung, die sich des Herzens zumeist bemächtigt und dazu geeignet ist, eine solche Niederschrift, wenn sie wirklich stattgefunden hätte, zu verdunkeln oder gänzlich zu verwischen.

Diess wird Niemand leugnen wollen, der an sich selbst die Erfahrung gemacht hat, dass in solchen Fällen das Herz entweder am wenigsten glücklich das Wort führt, oder mit bitterer Entsagung einer Macht weichen muss, die über demselben steht. Wir könnten auf Romeo's Leidenschaft, auf Heinrich Percy's sich selbst überstürzenden Ehrgeiz, auf Othello's grausame Eifersucht und viele andere Beispiele aus Shakspere's Werken hinweisen, um zu zeigen, dass dieser grosse Dichter am besten die gefährliche Schwäche des Herzens in dem Augenblicke der Bestürzung, sei dieser von Erfahrungen in der Zeit und Vorzeit oder von inneren Leidenschaften bedingt, am erschöpfendsten kannte und zu beurtheilen wusste. — Wie sollte man glauben, dass er bei dem Bedürfniss sittlichen Rathes in solchen Fällen sich an das Herz habe wenden können, um in ihm eine Offenbarung zu suchen, die Gott in dasselbe niedergeschrieben habe?

Doch wozu sollten wir mit dem Verfasser über diese Worte rechten? Nur wenige Zeilen weiter, und wir sehn, dass er die Bedeutung, die in denselben liegt, durch offene Widersprüche gegen deren Sinn aufhebt. Sollen wir uns ein sittliches System denken, das in den Gegensatz mit denjenigen Begriffen gestellt werden dürfe, die wir aus der Offenbarung entnehmen, so können wir uns darunter nur ein solches vorstellen, das Alles dasjenige aufhebt, was uns in dieser Beziehung von der Offenbarung gelehrt wird. Nun ist aber doch von allen Einsichtsvollen, und selbst von denen, die sich den Forderungen der Offenbarung nicht unterwerfen wollten, einstimmig anerkannt worden, dass mit den aus der Offenbarung zu entnehmenden Begriffen der Grund gelegt sei zu einer Veredelung und Versittlichung des Menschengeschlechtes, mit einem Wort zu einer Erhöhung der Civilisation, die in

der alten Welt mindestens nicht in der Allgemeinheit gefunden wird, wie im christlichen Zeitalter. Daher müsste
man glauben, dass, wenn Shakspere's sittliches System den
Gegensatz gegen diese Begriffe bilden sollte, dasselbe der
mit diesen Begriffen begründeten Civilisation entgegengesetzt und geradezu der Barbarei zugewendet sein
müsse.

Dass weder Gervinus, noch Pope, wenn Letzterer
überhaupt die Behauptung aufgestellt hat, eine so widersinnige Meinung in voller Bedeutung zur Geltung habe
bringen wollen, lässt sich schon auf den ersten Blick vermuthen. Auch wird die Vermuthung sofort bestätigt,
wenn wir lesen:

Shakspere befreie die Menschen nicht von der Furcht
vor den Folgen der Unsittlichkeit, sondern bestehe
stark darauf;

oder:

er habe mehr als irgend ein anderer Schriftsteller die
Liebe der Menschlichkeit erhoben.

Später wird hinzugefügt:

In dem Sinne, wie Schiller das Christenthum darum
preise, dass es das starre Gesetz aufhebe und an
dessen Stelle freie Neigung setze, ist Shakspere's
Moral eine christliche.

Aber auch dieser Satz wird einem bedeutenden Vor-
behalte unterworfen und in folgenden Worten fast wieder
aufgehoben:

Shakspere's Sittenlehre ist wesentlich menschlich und
er kann in dieser Hinsicht ganz den Alten gleich-
gestellt werden, die wir in humanistischen Zwecken
lesen.

Dem Satze über die Offenbarung, die Gott in das
menschliche Herz eingeschrieben habe, geht es nicht bes-

ser; denn nach den beiden zuletzt angeführten Stellen lesen wir:

Wenn Bacon wahr fand, dass der Mensch „aus dem Lichte der Natur" einige Begriffe von Gut und Bös schöpfen könne, aus dem Gesetze des Gewissens, das ein sicherer Funke und Rest der ursprünglichen Reinheit des Menschen sei, so würde Shakspere, wie Pope richtig sagte, diese Begriffe für ausreichend gehalten haben, uns in diesem Leben würdig einzurichten.

So dunkel auch diese Worte sind, so geht doch so viel daraus hervor, dass nach Gervinus' Meinung ausser der Offenbarung, die Gott in das menschliche Herz niedergeschrieben haben soll, Shakspere noch mehr Fundgruben zu Gebote gestanden haben müssen, um für den Fall der Bestürzung in harten oder verwirrenden Erfahrungen, sittlichen Rath aus ihnen zu schöpfen. Denn es wird nicht von uns gefordert werden dürfen, Bacons „Licht der Natur" oder das Gesetz des Gewissens mit einer in das menschliche Herz niedergeschriebenen Offenbarung für völlig gleichbedeutend zu halten. Mindestens wüssten wir nicht, wie diesem nur empfindenden Organe die Befähigung zukommen sollte, das Licht der Natur zu erfassen und zu ergründen. Auch hat noch Niemand das Gesetz des Gewissens im Herzen allein gesucht. Freilich wohl nennt Gervinus im nächsten Satze das Gewissen „die Gottheit im Busen" und insofern könnte man fast glauben, dass er in der That jene Forderung an uns stelle. Indessen wird es dennoch schwer werden, mit besonnenem Urtheile diese Sätze in vollen Einklang zu bringen, und gewiss muss man überrascht und verwundert sein, wenn man die Aufgabe genauer in's Auge fasst, deren Lösung auf diesen dunkeln Orakelsprüchen aufgebaut werden soll.

Aus des Verfassers eigenen Worten in den Auslassungen, welche dem Schlusse dieses Abschnittes näher stehn, ist die Ueberzeugung zu entnehmen, dass der Eindruck, welchen ihm die sittlichen Anschauungen Shakspere's gemacht haben, ein überaus befriedigender ist, und zwar beruht diese Befriedigung gerade auf der Anerkennung von solchen Anschauungen Shakspere's, die völlig unmöglich sein würden, wenn diese Vordersätze, insofern sie überhaupt für solche gelten dürfen, eine Berechtigung in dem Geiste von Shakspere's Schriften fänden. Um nur eins anzuführen, weise ich auf einen Satz auf p. 267 hin, der wörtlich so lautet:

Aber Shakspere war viel zu sehr Dichter, um den religiösen Glauben gering schätzen zu können.

Und doch müsste er den religiösen Glauben gering geschätzt haben, wenn er, wie hier an der Spitze steht, sich ein sittliches System gebildet hätte, das nicht allein den Gegensatz gegen die aus der Offenbarung zu entnehmenden Begriffe zu bilden habe, sondern auch genügend schien, an deren Stelle gesetzt zu werden.

Man muss nach diesem Satze annehmen, Gervinus selbst habe es für das unerlässliche Attribut eines wahren Dichters gehalten, dass derselbe den religiösen Glauben nicht gering schätze; und allerdings muss auch ich — und ich vermuthe, hierin werden Viele mit mir übereinstimmen — der festen Ueberzeugung sein, dass eine absolute Geringschätzung des religiösen Glaubens mit einem Dichtergeiste völlig unvereinbar ist. Selbst dann, wenn wir solchen begegnen, die gegen die allgemein gültigen Glaubensformen anzukämpfen streben, werden wir bei unbefangener Betrachtung häufig anerkennen müssen, dass eine solche Richtung nicht aus der Geringschätzung des religiösen Glaubens an sich selbst, sondern vielmehr aus

einer Glaubensbedürftigkeit hervorging, die in dem Stre
ben nach Befriediguug ihr Ziel übersprang. Gewiss aber
wird in einem solchen Falle ein wesentlicher Mangel bei
der Beschauung übrig bleiben. Die widerstandlose Hingebung, die rückhaltlose Erhebung in die Harmonie neuer
Ideen und Anschauungen, mit anderen Worten diejenige
Empfindung, welche uns bei der Betrachtung eines grossen und übermächtigen Dichters mit unwiderstehlicher
Macht ergreift und uns Zeit, Ort und Persönlichkeit im
überwältigenden Eindruck vergessen lässt, wird bei einem
solchen Dichter, wenn es auch zeitweilig eintreten sollte,
mindestens nicht auf die Dauer bestehn. Denn wie gern
wir uns auch in die Verwirrung des Kampfes begeben,
in dem sich die nothwendigen Gegensätze der höchsten
Ideen bewegen, ja so tief und unerschütterlich auch in
einem poetisch empfänglichen Gemüthe das Bedürfniss
gegründet sein mag, diesem Kampfe zu lauschen und ihn
in seinen verschiedenen Gestaltungen zu verfolgen, so beruht dieser unwiderstehliche Drang dennoch auf dem Bedürfnisse ein weit höheres Ziel zu erreichen, als in dem
Anschauen des Kampfes selbst Befriedigung findet. Wir
dehnen und strecken uns nach der Lösung des Räthsels,
und kann auch das Wort dieser Lösung nur ein neues
und höher stehendes Geheimniss, als in jenen Gegensätzen
liegt, bezeichnen, so ist dennoch unser Inneres nach der
Entdeckung dieses Wortes gerichtet, weil überhaupt in
dem Streben nach Glauben kein anderer Weg denkbar
ist, als auf dem uns das eine Geheimniss immer wieder mit
einem höher stehenden Geheimnisse erschlossen wird. Es
ist daher eine immer wieder von Neuem beginnende Stufen-
leiter von Kampf zur Versöhnung, die wir in der Hingebung an diesen natürlichen Drang erklimmen wollen.
Gelingt es einem Dichter, uns mit sicherer Hand von Ge-

heimniss zu Geheimniss zu dem Punkte zu geleiten, wo
das bedürftige Gemüth nicht mehr den Kampf allein, sondern die Versöhnung desselben mit der ewigen und uner-
schütterlichen Weltordnung ruhevoll übersehn kann, dann
tritt eben eine Befriedigung ein, in welcher wir die Grösse
und Unerschöpflichkeit unseres poetischen Führers stau-
nend und hingebend bewundern.

Prüfen wir nach diesen Vordersätzen die allgemeine
Verehrung und Bewunderung, welche Shakspere geweiht
wird, so werden wir uns darüber kaum täuschen können,
dass auch sie in ihrem innersten Grunde auf der Befriedigung dieses Bedürfnisses beruht. Dass dabei das Bedürfniss sowohl als seine Befriedigung nicht immer, ja
vielleicht nur in seltenen Fällen, in das klare Bewusstsein
des einzelnen Verehrers treten kann, wird kaum der Erwähnung ·bedürfen. Wie die Menge an der Poesie sich
freuen, ergötzen und erbauen will und soll, würde es
selbst eine unbillige Forderung sein, dass dabei überall
von dem Grunde dieses Genusses Rechenschaft abgelegt
werden solle. Etwas Anderes ist es dagegen, wenn wir
zur Rechtfertigung unserer Verehrung und Hingebung
uns die Aufgabe stellen, uns von dem Boden Rechenschaft
zu geben, auf welchem dieselbe steht. Nun dürfen wir
uns freilich nicht mit eigener Willkühr nach Systemen
und. positiven Gesetzen umsehn, die allenfalls der eigenen
Schwäche als massgebend erscheinen könnten, aber einer
Grösse nicht entsprechen würden, die eben nur darin ihren
Bestand hat, dass sie uns dem Gewöhnlichen entrückt und
unseren Gesichtskreis weit über die Grenzen einer beeng-
ten Alltagsanschauung erweitert.

Auch hier begegnen wir Gegensätzen von hoher und
nicht selten verwirrender Bedeutung. Wir sprechen so
oft die Forderung aus, der Dichter solle über seiner Zeit

stehn; und doch muss derselbe nach dem ewigen Gesetze
der Natur recht eigentlich in seiner Zeit wurzeln. Von
Shakspere dürfen wir Beides in der ausgedehntesten Bedeutung behaupten. Noch auffallender scheint der Gegensatz des Bedürfnisses, in dem Dichter die höchste Erhabenheit in Bezug auf seine Anschauungen und Ideen zu
bewundern, mit der Forderung, dass er von dem Positiven nicht losgerissen sein dürfe. Wenn ich nicht irre, ist
es eine missverstandene Empfindung dieses Gegensatzes,
aus der die Entdeckung hervorgegangen ist, dass es im
Reiche der Poesie zwei entschieden entgegengesetzte Richtungen geben könne, von denen die eine mit dem Namen
des Realismus, die andere mit dem des Idealismus zu bezeichnen sei. Ich darf jedoch darüber nicht rechten wollen, weil ich mich niemals zu derjenigen Höhe der Einsicht habe erheben können, auf welcher die eigentlichen
Unterscheidungslehren dieser verschiedenen Theorien oder
Klassen erschöpfend zu erkennen sein mögen. Dieselben
hier mit Stillschweigen zu übergehen, schien mir deshalb
unthunlich, weil sie bei dem Urtheil über diejenigen
Empfindungen und Anschauungen eines Dichters, die dem
Religiösen angehören, vorzugsweise eine hervorragende
Rolle spielen. Es ist begreiflich, dass bei ihnen der Gegensatz der Ansprüche an die Freiheit der Idee und an
die Ehrfurcht vor der Satzung noch fühlbarer werden
muss, als in jeder andern Beziehung. Sind es doch hier
die erhabensten Ideen und tiefsinnigsten Anschauungen,
um die es sich handelt.

Sehen wir diesen unleugbaren Gegensätzen unbefangen
in's Auge, so werden wir uns überzeugen müssen, dass
sie in dem Verhältniss unseres Inneren zu der Poesie als
eine unumgängliche Nothwendigkeit bedingt sind. Wir
sprechen von Offenbarungen, die wir vom Dichter erwar-

ten und fordern, wir wollen in ihm eine prophetische Kraft
verehren; ja sogar diejenige Befähigung des geistigen
Auges, die sich nicht allein nach vorwärts und rückwärts,
sondern auch nach allen Seiten hin mit forschendem Blicke
zu wenden vermag, wird dem Poeten als eine unerlässliche Eigenschaft zugesprochen. Wir gestehn ihm also,
sei es bewusst oder unbewusst, die Fähigkeit sowohl als
die Berechtigung und Verpflichtung zu, Gegenstände geistiger Anschauung zu erspähen, die dem blöden Auge des
Alltagsmenschen unzugänglich sind. Wie sollte es daher
möglich sein, dass die Menge, ja dass selbst die hervor-
ragenderen Köpfe in der Menge von vornherein erkännn-
ten, ob die Wurzel von den Anschauungen, die uns ein
Poet vorführt, in seiner Zeit zu finden sei, oder ob der
Dichter mit denselben ausser seiner Zeit stehe? Hat doch
jede Zeit, und wäre sie scheinbar noch so einfach und
leicht zu verstehen, ihre tiefen Geheimnisse. Nicht dass
sich dieselben blos der Wahrnehmung und dem Verständniss der minder Begabten entziehen. Selbst der Verstän-
digste und Einsichtsvollste und selbst der mühsame For-
scher kommt oft in Gefahr, sie nicht zu bemerken, um
wie viel mehr, sie nicht zu ergründen. Es muss daher
als ein eitles Bemühen erscheinen bei demjenigen Dichter,
den mindestens eine grosse Mehrzahl für den grössten, im
Bereiche der dramatischen Poesie hält, jene Frage mühe-
los entscheiden zu wollen. Doch wie hoch auch der Fleiss
und die Anstrengung, die nur im Allgemeinen hierzu erforderlich sind, angeschlagen werden mögen, so werden
wir noch immer weit unter dem Maasse einer nur annähernden Schätzung bleiben, wenn wir ausser Acht lassen, wie gerade die Zeit von Shakspere's dichterischem
Wirken von den feinen und oft unmerklichen Fäden, an
denen sich das geistige Leben nach Ausbildung, Erkennt-

niss und Erleuchtung emporspinnt, in der grössten Mannichfaltigkeit und in der seltsamsten Verwickelung durchwebt war. Bei dem Drange, dem Ziele dieser Auslassungen entgegenzueilen, ist es nicht thunlich, von dieser Zeiterscheinung hier nur ein flüchtiges Bild zu entwerfen. Wäre es vergönnt, das Gleichniss weiter zu verfolgen, so würde es erlaubt sein, zu sagen, dass der üppige Reichthum dieser Zeiten in finsterer Tiefe und lichtem Glanze, in schwerem Ernste und leichter Heiterkeit, in scherzendem Uebermuth und tiefsinniger Beschaulichkeit, kurz in unzähligen Gegensätzen und dennoch unerschöpflicher Harmonie der Färbung einem bunten Blumenteppiche gleiche, der von der Natur vor uns ausgebreitet liegt, und mit diesen schwachen Worten würde zugleich von Shakspere's eigenthümlichen Wesen eine flüchtige Andeutung gegeben sein.

Bedarf es hiernach wohl noch der Erinnerung daran, wie schmerzlich die Empfindung sein muss, wenn uns angemuthet wird, an diesem Bilde mit verschlossenem Blicke vorüberzugehn, um in der Aufhäufung von unerquicklichen Widersprüchen diesen Gegenstand unserer Verehrung, Bewunderung und Liebe wieder zu erkennen? Das ist es doch, was uns Gervinus zumuthet, indem er uns auf dem von ihm gewählten Wege der sittlichen Anschauung von Shakspere zuzuführen vorgiebt.

Diese Ausstellung mag hart und gewichtig scheinen; doch ist sie nur die schwache Einleitung zu dem Nachweis über die weit tiefer einschneidende Entsagung, der wir uns unterwerfen müssten, wenn wir die Auslassungen von Gervinus für einigermassen zutreffend und angemessen halten sollten. Hat eine jede Zeit ihre eigenthümlichen Geheimnisse, so mangelt auch keiner die Richtung und das Streben nach der Befriedigung der ewigen und

unabweislichen Bedürfnisse des allgemeinen Menschengeschlechtes. So lange Menschen geathmet haben, sind
sie erfüllt gewesen von einem unwiderstehlichen Offenbarungsbedürfniss. Ich bin verwegen genug, gegen die
hochgefeierte Autorität des gepriesenen Schriftstellers, von
dem hier gehandelt wird, mit der Festigkeit einer unver-
äusserlichen Ueberzeugung zu behaupten, dass dieses Bedürfniss nicht auf eine Offenbarung gerichtet ist, die im
Innern des natürlichen Menschen gefunden werden könnte,
sondern auf eine Offenbarung, die im Widerspruch mit
Allem, was dieser Quelle entspringt, uns von Aussem an-
treten muss, mit einem Worte auf eine unmittelbare, göttliche Offenbarung. Dass diese Offenbarung nicht von
Gervinus allein, sondern von vielen seiner Meinungsgenos-
sen, sei es im Herzen oder in der Vernunft, sei es im
Lichte der Natur oder in der Voraussetzung gesucht wird,
dass von vornherein ein Gesetz des Gewissens uns leiten
könne, ist nur ein neuer Beitrag zum Anerkennen dieses
unauslöschlichen Bedürfnisses. Dass aber auf diesem Wege
die Lösung des Räthsels nicht gefunden, sondern vielmehr
die Verwickelung und Verwirrung in Widersprüchen das
natürliche Endziel ist, führt uns nur allzu deutlich eine
immer wiederkehrende Wahrnehmung vor Augen. Sie ist
Jedem, der sich mit dem in geistiger, poetischer und he-
roischer Beziehung der grössten Verehrung würdigem
Alterthume beschäftigt hat, zugänglich genug, um einer
genaueren Bezeichnung zu bedürfen. Dazu kommt, dass
eine solche Denjenigen, die sich derselben nicht verschliessen wollen, müssig erscheinen, für Diejenigen aber, die
sich mit Eigenwillen von derselben abwenden, nutzlos sein
würde.

Betrachten wir indessen jenes Offenbarungsbedürfniss
genauer, so werden wir in demselben nichts Anderes wie-

der erkennen, als was schon oben mit demjenigen natürlichen Drange bezeichnet wurde, der bei dem Anblick des
unablässigen Kampfes zwischen den in der ganzen Schöpfung
begründeten Gegensätzen nach der Versöhnung strebt. Es
ist das bewusstlose Streben, diejenige Harmonie wieder zu
entdecken, die wir als Ausgang und Endziel der Schöpfung
betrachten müssen. Je erhabener dieses Ziel ist, um so
grösser und mannigfaltiger müssen die Kräfte sein, die
durch dieses Streben in Bewegung gesetzt werden. Wir
durften daher, selbst abgesehn von allen anderen Veran-
lassungen, mit Bestimmtheit annehmen, dass bei der grösseren Mannigfaltigkeit und dem ausgedehnteren Reichthum
der Kräfte, dieses Streben nach der Wiederentdeckung
einer verloren gegangenen oder verschleierten ewigen Harmonie neue Nahrung finden und in seiner Lebhaftigkeit
noch höher gespannt werden müsse. Denn darüber wird
man einig sein müssen, dass, gleichwie Anlage und Bedürfniss der Befriedigung in eins zusammenfallen, so auch
der Drang nach dieser Befriedigung und mit ihm die Anlage
in einem gegenseitigen Verhältniss der Steigerung zu den
Mitteln und Kräften stehe, in denen die Befriedigung gefunden werden mag.

Nun liegt aber gewiss in den Andeutungen, die schon
über die allgemeine Erscheinung von Shakspere's Zeit gegeben sind, eine genügende Anerkennung der Thatsache,
dass ihr die ungewöhnlichsten und ausgedehntesten Kräfte
zu Gebote standen. Was die grosse Kirchenreformation
des sechszehnten Jahrhunderts zum Bedürfniss und zum
Ergebniss jener Zeit gemacht hatte, kann unmöglich als
ein geringer Betrag von geistigen Kräften angesehn werden, und muss zugleich als schlagender Beleg dienen für
die Macht des Dranges nach dem Lichte der Offenbarung.
Natürlich genug musste auch mit der Lebhaftigkeit dieses

Strebens und der Macht der angelegten Kräfte die Gluth
des Kampfes wachsen; und ist es schon an sich selbst
schwer, bei den entgegengesetzten Forderungen an die
Freiheit der Idee und an die Ehrfurcht vor der Satzung,
für einen grossen Dichter das genügende Maass des Urtheils zu finden, so muss diese Aufgabe unvergleichlich
schwerer werden, wenn derselbe in einer Zeit auftritt und
glänzt, wo im Religiösen wie im Politischen, im Socialen
wie im Gebiete der Wissenschaft die gewaltigsten Kräfte
angelegt sind und darüber unter einander streiten, wo die
Befriedigung der allgemeinen höchsten Bedürfnisse liege.
Ist das Reich der Ideen, in denen der Dichter wirken
und schaffen soll, ohnedies ein unendliches, so wird er
nun von den im Schwunge der Zeit sich regenden Ideen
auf seiner Bahn in um so weitere Ferne hinausgetrieben.
Wo nun das Urtheil und den Maasstab finden, nach dem
wir ihn schätzen und messen dürfen? Dunkle Lehrsätze,
verworrene Widersprüche und verwickelte Phrasen können für eine solche Aufgabe unmöglich die genügende
Basis bilden.

Dazu kommt der unleugbare Umstand, dass gerade
Shakspere inmitten dieser Zeiten der Gegenstand einer
weitverbreiteten, fast allseitigen Anerkennung war. Wo
immer wir ihn von Zeitgenossen nennen hören, werden
seinem Namen Beiworte zugetheilt, die keinen Zweifel darüber lassen, dass ihm eine innige Neigung und Liebe zugewendet war. Wie ganz anders ruhten die Blicke auf
seiner Erscheinung, als auf der des gewaltigen Marlowe, auf
der des unglückseligen und doch so lieblichen Greene,
oder auf den Schöpfungen des gelehrten Chapmann, des
witzigen Nash, des scharfsinnigen und gelehrten Ben Jon-
son. Die Gewandtheit von dem spätern Massinger, von
Beaumont und Fletcher, Middleton, Heywood und vielen

Anderen hat ihnen die Wärme der tiefempfundenen Zuneigung, die sich gegen Shakspere ausspricht, nicht gewinnen können. Selbst da, wo sich eine annähernde Empfindung für den liebenswürdigen Philipp Sidney und für den feinen und gemüthvollen Edmund Spenser an den Tag legt, erreicht sie nicht die für Shakspere überall zu erkennenden Gefühle. Hier ist nicht von dem lauten Beifall die Rede, wie er allen Genannten im vollen Maasse, zeitweilig sogar in höherem Grade, als selbst Shakspere entgegengetragen wurde. Wer aber, so dürfen wir getrost fragen, hat die Herzen seiner Zeit mehr gewonnen als Shakspere? Und doch müssen es nach dem Gesetze der Natur zumeist die Herzen sein, in denen sich das Bedürfniss nach derjenigen Offenbarung regt, die nicht, wie von Gervinus gewähnt wird, von Gott in das menschliche Herz eingeschrieben ist, sondern, nach der sich dasselbe unablässig sehnt. Auch von einem ausgesponnenen System oder von Begriffen, aus denen dasselbe zu entnehmen wäre, kann hier nicht die Rede sein. Denn das ist über jedem Zweifel erhaben, dass mit Begriffen und nur aus ihnen abgeleiteten Lehren nicht auf die Herzen gewirkt wird.

Wie wenig aber Shakspere auch mit seinen Anschauungen und Ideen selbst den Eiferern seiner Zeit Anstoss und Aergerniss gegeben haben muss, geht daraus hervor, dass den zahlreichen Auslassungen von puritanischer Färbung oder entschiedener Richtung keine Andeutung zu entnehmen ist, die auf diese unläugbar zielte. Wiewohl diese Religionspartei nicht ruhte, immer von Neuem gegen die Sündhaftigkeit des Theaters zu predigen, und wiewohl selbst Shakspere ihre eifernden Uebertreibungen zuweilen zum Gegenstande eines launigen Spottes machte, entbehren wir dennoch jedes Anhalts darüber, dass sie ihn für einen Feind und Widersacher der Religion und der positiven Offenbarung gehalten hätten. Was wir von Marlowe's atheistischen Gesinnungen lesen, was uns von Greene's sittlicher Schwäche, von der Lascivität vieler Andern in Schriften und Urtheilen aus jener Zeit überliefert worden ist, giebt hinlängliches Zeugniss von der wachsamen Schmähsucht dieser Stimmen, um daraus die Gewissheit zu entnehmen, dass auch Shakspere's Persönlichkeit ihr nicht entgangen sein würde, wenn sich Grund gefunden hätte, aus seinen Schriften ein sittliches System abzuleiten, wie es uns Gervinus vorzustellen bemüht ist.

Diese Gesinnungen einer innigen Neigung und Liebe, die doch nur aus den tiefsten Eindrücken auf das Gemüth hervorgehn konnten, sind in dem Zeitraum von nahe drei Jahrhunderten, in denen Shakspere's Schriften gepriesen worden und erkannt sind, niemals erloschen. Als sich nach der Restauration die natürlichsten Bedürfnisse der menschlichen Seele ihr Recht gegen die unnatürliche Ascetik der Puritaner gewaltsam zu verschaffen suchten, und sich auf diesem Wege die äusserste Zügellosigkeit in der Gesellschaft und auf der Bühne einschlich, war es dennoch Shakspere, dem sich das Gemüth, wenngleich mit getheiltem Beifall der Modeansichten, zuwendete. Weder die verschrobene Kritik von Rymer und Wenigen seiner Gesinnungsgenossen, noch die Ausstellungen und Verstümmelungen, denen Davenant, Dryden, Tate, d'Urfay und Andere seine Dichtungen unterwarfen, vermochten die, wenn auch bewusstlosen, Stimmen der Gemüther zu übertäuben, denen er immer wieder neue Befriedigung gewährte. Als im Beginn des achtzehnten Jahrhunderts eine grössere Besonnenheit und ruhigere Prüfung seines poetischen Geistes Platz zu ergreifen versuchte, war es wie-

derum die Poesie, von der diese Reaction ausging. Mag
immerhin der erste Versuch einer kritischen Ausgabe
heute schwach erscheinen, da in den seit derselben ver-
gangenen anderthalb Jahrhunderten weit Besseres geleistet
worden ist, so liegt doch in dem Umstande, dass ihr
Unternehmer, Nich. Rowe, selbst Dichter war, ein bedeut-
samer Wink darüber, wie es zuvörderst darauf ankommt,
Shakspere mit Liebe und Begeisterung zu erfassen und
zu ergründen. Auch ist es hier von wesentlichem Be-
lang, dass Rowe's Dichtungen trotz aller Vorwürfe, die
ihnen mit Recht oder Unrecht wegen ihrer Regellosigkeit
gemacht worden sind, die Fähigkeit zu dem Gemüthe zu
sprechen, allseitig zuerkannt wird. Man könnte leicht ein-
wenden, dass die Nachfolger Rowe's, wie Pope, S. John-
son, Warburton, Steevens und Malone, als sie ihren Fleiss
dem Studium Shakspere's widmeten, in weit geringerem
Grade von dem Gemüth geleitet worden seien. Doch
würde man dabei verkennen, dass ihnen weit mehr eine
missleitete Richtung des Gemüths, als der gänzliche Mangel
desselben vorgeworfen werden könne. Wenngleich die
Mode versuchte, für die Formen Regeln aufzustellen, die,
wie man meinte, in Adissons Cato mit vollendeter Meister-
schaft erreicht seien, so muss dennoch eine mächtige
Stimme für dasjenige Bedürfniss gesprochen haben, das
bei Shakspere Befriedigung suchte und fand. Wie wäre
es sonst möglich und denkbar gewesen, dass er in den
Herzen der Nation hätte fortleben können, da er den ent-
schiedensten Gegensatz zu denjenigen Ansprüchen bildete,
die von der Mode geltend gemacht werden wollten. Hat
Garrick, wie es nicht in Abrede gestellt werden kann,
das Verdienst, in der Bewunderung und Verehrung für
Shakspere eine grosse Reaction bewirkt zu haben, so
stand auch diese auf dem Boden des Gemüthes. Alle

Widersprüche gegen diese Meinung liessen sich fast mit der Hinweisung auf die bekannte Geschichte von Shakspere's Maulbeerbaum entkräften. Gleichwie Bettertons Wanderungen nach Shakspere's Heimath Zeugniss davon geben, dass ihn und seine Zeit nicht blos der Verstand und das bewusstvolle Urtheil an Shakspere fesselten, so ist es auch mit der allgemeinen Entrüstung, welche sich der Gemüther in vielen Theilen Englands bemächtigte, als Mr. Gastrell in Stratford den Maulbeerbaum, der nach der Sage von dem Dichter selbst gepflanzt worden war, in einer missmuthigen Verstimmung über die nach ihm gerichteten Wallfahrten hatte umhauen lassen. Diese an sich selbst unbedeutende Handlung, die Boswell einen Akt gothischer Barbarei nannte, gab später den Anstoss zu dem von Garrick im Jahre 1769 veranstalteten Shakspere-Jubiläum. Was hätte die allgemeine Theilnahme an diesem Baum, aus dessen Holz von einem gewissen Thomas Shorp mancherlei Kleinigkeiten zum Andenken an Shakspere verfertigt wurden, was hätte sie an Shakspere's Wohnsitz mit der Anhänglichkeit der Pietät fesseln können, wenn es nicht das Gemüth, wenn es nicht die Herzen der Menge waren?

Als Shakspere im vorigen Jahrhunderte bei uns eingeführt wurde, spielte unfehlbar das Gemüth die hervorragendste Rolle. Was Lessing, Herder, Goethe und andere unsterbliche Stimmen damals über ihn aussprachen, trägt den unverkennbaren Stempel des Eindrucks, der unter allen Seelenkräften zumeist von der Empfindung unwiderstehlich Besitz ergriffen hatte. Und unter den Tausenden, die heute noch von Shakspere hingerissen werden, ist die bei Weitem überwiegende Mehrzahl nicht von der Seite eines nach forschendem Grübeln gerichteten Verstandes erfasst, sondern durch die mehr oder minder bewusstlose Befriedigung seelischer Bedürfnisse, die auf dem tiefsten Boden des Gemüthes wurzeln.

Gervinus belehrt uns p. 564:

Es gebe Classen, für deren Sittlichkeit mit dem positiven Buchstaben der Religion und des Rechtsgesetzes am besten gesorgt sei; allein für diese seien Shakspere's Shriften ohnehin unzugänglich, sie seien nur lesbar und verständlich für die Gebildeten, an die man fordern könne, dass sie sich den gesunden Lebenstart aneignen, und jenes Selbstgefühl, in dem die uns angebornen lenkenden Kräfte des Gewissens und der Vernunft mit dem Willen zusammengebildet sind zur bewussten Ergreifung würdiger Lebenszwecke.

Dieser Ausspruch leidet zwar an der in den Schriften von Gervinus üblichen Dunkelheit; so viel aber scheint aus demselben unleugbar hervorzugehn, dass der Verfasser Jedem, der in der Heiligen Schrift das Fundament für sein religiöses und sittliches Bekenntniss findet, nicht blos die Befähigung für das Verständniss von Shakspere, sondern sogar die Fähigkeit, Shakspere's Schriften zu lesen abspricht. Dagegen wäre die Frage berechtigt, ob man glauben dürfe, dass unter den Unzähligen, die Shakspere's Schriften seit ihrem Bestehn gelesen und an ihnen sich erbaut haben, nicht Einer gefunden werden könne, „für dessen Sittlichkeit mit dem positiven Buchstaben der Religion und des Rechtgesetzes am besten gesorgt sei?"

Vielleicht könnte eingewendet werden, das Widersinnige, was hier in die Augen springt, liege nicht in der aufgestellten Meinung selbst, sondern in dem Missverständniss derselben, da das Lesen von Shakspere's Schriften ohne ein nur einigermassen eingehendes Verständniss als solches kaum gerechnet werden dürfe. Wir würden aber dadurch auf eine Schätzung der Einsicht von den verschiedenen Lesern Shakspere's geführt, die in keinem Fall ausführbar ist. Auch müsste man sich fragen, ob es Gervinus selbst schon versucht habe, den wahren Sinn von dem positiven Buchstaben der Religion und des Rechtgesetzes so weit zu ergründen und zu prüfen, dass er mit dem Eindringen in denselben die Zugänglichkeit zu Shakspere's Schriften für unvereinbar habe halten müssen? Weit entfernt hier ein bestimmtes Endurtheil auszusprechen, dürfen wir nur darnach urtheilen, was er uns als seine Anschauungen vorlegt. Haben wir aber in ihnen uns oft von den grössten Dunkelheiten und innern Widersprüchen beschwert gefühlt, so wird es nicht unbillig sein zu vermuthen, dass er kaum dasjenige einer erschöpfenden Prüfung und einer ergründenden Beleuchtung und Abklärung unterworfen habe, was sich seinem Geiste als Ansicht und Meinung dargeboten hat. Die Innigkeit und Kraft einer wohlbegründeten Ueberzeugung hier aufsuchen zu wollen, wird begreiflicher Weise völlig vergeblich sein. Dagegen kann es keinem Zweifel unterliegen, dass es sich bei denjenigen, die sich dem Buchstaben der Offenbarung — denn das meint doch wohl Gervinus hier mit dem Worte: „Religion" — unterworfen haben, um in ihr den Boden für ihre sittliche Ausbildung zu finden, um eine Ueberzeugung handeln müsse. Unter solchen Prämissen aber das absprechende Urtheil aufzustellen, das wir den Worten von Gervinus entnehmen müssen, wird schon von vornherein, um es mild auszudrücken, unberechtigt erscheinen. Wenden wir uns hingegen den Erfahrungen zu, welche in manchem beachtenswerthen Urtheile über Shakspere uns vorliegen, so springt das Unhaltbare der ausgesprochenen Meinung noch mehr in die Augen. Wir

wollen nur darauf hinweisen, was uns in dieser Hinsicht
Herder hinterlassen hat. Obgleich manche seiner Anschauungen in religiöser Hinsicht einer späteren Zeit zum
Anhalten gedient haben, um Folgerungen daraus zu ziehn,
wie sie von den treuen Anhängern an der Offenbarung
nicht gebilligt werden können, so würde es doch nur mit
einem, nach dem andern Extreme neigenden, Missverständnisse vereinbar sein, wenn man ihm zutrauen wollte, dass
er den „Buchstaben der Religion und des Rechtgesetzes"
als Basis seiner sittlichen Anschauungen verschmäht habe
Jedenfalls war er ein Mann der innigsten religiösen Ueberzeugung und diese auf dem ungewissen und schwanken-
den Boden aufzusuchen, den uns Gervinus hier als Vor-
bedingung von Shakspere's Verständniss angiebt, würde
undenkbar sein. Dabei ist es um so schlagender für unsere Meinung, dass gerade seine Auslassungen über diesen
Dichter in der Tiefe des Verständnisses und der Ausdehnung der Einsicht von einer Gediegenheit sind, die mindestens noch nicht übertroffen worden ist. Hier ist ferner
noch zu erwähnen, dass in neuester Zeit mehrere Schriften von solchen evangelischen Geistlichen ausgegangen
sind, die in der Erfüllung ihres geistlichen Berufs im
engsten Anschluss an die Lehren der heiligen Schrift den
regsten Eifer zeigen, mit anderen Worten von solchen,
die in dem Buchstaben der heiligen Schrift den geeignet-
sten Boden für das sittliche Gesetz finden. Sie sind
alle darauf gerichtet, aus den Worten und Schriften Shakspere's nachzuweisen, in welchem innigen Zusammenhange
und Einklange dieselben mit den aus der heiligen Schrift
zu entnehmenden Lehren stehen.*)

---

*) Anmerkung. 1) Shakspeare's Stellung zum Christenthume.
(In: Evangel. Kirchenzeitung Bd. 68. Jahrgang 1861. Nr. 46. 47,

Noch übler steht es mit dem Axiom, dass die Schriften Shakspere's nur lesbar und verständlich für die Gebildeten seien, wie sie Gervinus specificirt. Auch hier wird es dem unbefangenen Beobachter nicht an Erfahrungen fehlen, dass diese Schriften oft solche am meisten ergreifen, die schon nach allgemeinen Begriffen, geschweige denn nach den von Gervinus angegebenen Kennzeichen, nicht zu den Gebildetsten gerechnet werden können. Wer aufmerksam beachten will, von wem die unglaubliche Menge der in Deutschland verbreiteten Uebersetzungen, sowie der in England umlaufenden Hand- und Taschenausgaben Shakspere's gelesen werden, der wird zwischen solchen, die für wahrhaft gebildet, und solchen, die kaum dafür gelten können, ein unglaubliches Missverhältniss zu Gunsten der Letzteren bemerken. Zugleich wird er aus dem Munde von Unmündigen in dieser Beziehung — denn darauf kommt ungefähr die Bezeichnung von Gervinus hinaus — häufig ein Urtheil von überraschender Klarheit vernehmen können. Ein schlagendes Beispiel geben uns die gedruckten Bemerkungen des alten Mannes aus der Grafschaft Toggenburg an die Hand. Dieser Mann, Namens Bräker, von unbemittelten und begreiflicher Weise ungebildeten Aeltern geboren, begann seine Laufbahn als Ziegenhirte in den Alpen. Von Werbern aufgegriffen, machte er im preussischen Heere die erste Schlacht des siebenjährigen Krieges mit. In der Verwirrung derselben entlief er dem Heere und ging in seine Heimath zurück, wo er einen bald mehr, bald minder

---

48. 50.) 2) Hamlet eine pastorale Studie v. M. P. z. Dglbk. (Ev. Kirchenzeitung 74. Band. Jahrg. 1864. Nr. 40. 41. 42. 43.) 3) Schwarzkopf, Aug., Shakspeare in seiner Bedeutung für die Kirche unserer Tage. 2. sehr verm. Auflage. Halle a. S. (1864).

ausgebreiteten Garnhandel trieb. Trotz des gänzlichen
Mangels an Vorbildung ergab er sich in den Feierstun-
den mit überraschendem Eifer dem Lesen und Schreiben.
So besitzen wir denn von ihm eine Selbstbiographie, die
besonders in Bezug auf seine Knaben- und Jünglingsjahre
voll der schlagendsten Züge einer tiefen Empfindung und
einer ächt christlichen Gesinnung ist. Nächstdem brachte
er seine Bemerkungen über Shakspere, den er in der
Eschenburgischen Uebersetzung gelesen hatte, zu Papiere.
Dass wir in diesen kleinen Aufsätzen nach einem erschöpfenden Verständniss vergeblich suchen würden, bedarf keiner Erinnerung. Und doch begegnen wir in denselben oft einer überraschenden Tiefe der Anschauung,
so weit sie in einem von Natur empfänglichen Gemüthe
Platz ergreifen und von einer ungeübten Feder wiedergegeben werden kann. Sie sind daher als ein merkwür-
diger Beleg dafür anzusehn, wie der grosse Dichter, nach
dessen erschöpfendem Verständniss selbst gewaltige Geister
vergeblich gerungen haben, den Weg zu finden vermocht
hat, in das Herz eines Unmündigen, auf den der anmass-
ende Kritiker leicht mit der höchsten Geringschätzung,
wenn nicht mit bitterm Hohne herabblicken könnte.

Was aus dem angeführten Satze der Betrachtung und
Beleuchtung annoch übrig bleiben könnte, liegt so sehr
ausser den Grenzen eines genügenden Verständnisses, dass
schon aus diesem Grunde jedes Wort der Widerlegung
unnütz sein würde. Denn was soll man sich denken unter dem Lebenstakte, dessen Aneignung an jeden Gebildeten gefordert werden könne? Oder wie ist die Vorstellung
jenes Selbstgefühles zu fassen, in dem die uns angebornen
lenkenden Kräfte des Gewissens und der Vernunft mit
dem Willen zusammengebildet sind zur bewussten Ergreifung würdiger Lebenszwecke? Hier allerdings liegt eine

Anschauungsweise vor, die für Diejenigen kaum lesbar, geschweige denn verständlich sein wird, für deren Sittlichkeit mit dem positiven Buchstaben der Religion und des Rechtgesetzes am besten gesorgt ist.

Nur eins ist noch der Erwähnung werth, ehe wir diese Betrachtung verlassen. Allerdings hat es zu allen Zeiten solche gegeben, die mit einem sinnlosen Kleben am Buchstaben des Gesetzes und der Schrift den Anforderungen derselben am meisten zu genügen meinten. In dieser Bezeichnung liegt schon das Zugeständniss, dass eine solche Meinung dem Eindringen in den Sinn der Religion und des Rechtgesetzes nicht allein abgewendet, sondern sogar entschieden entgegengesetzt ist. In einem solchen Widerstreben gegen die höchsten Anschauungen, die dem menschlichen Geiste gewährt werden können, liegt begreiflicher Weise zugleich die entschiedene Abweisung gegen alle Poesie. Es bedarf daher keiner Erinnerung daran, dass für sie weder Shakspere noch ein anderer Poet von einiger Bedeutung sein kann. Auch ist es kaum zu vermuthen, dass Gemüther von dieser Gestaltung jemals geneigt oder gestimmt sein sollten, die Schriften von Gervinus in die Hand zu nehmen. Man begreift deshalb nicht, wie auf diese bei den angeführten Worten, Behufs einer besseren Würdigung Shakspere's, gezielt werden könne.

Wie immer der dunkle Sinn und Zweck derselben gedeutet werden dürfe und könne, so ist mindestens so viel gewiss, dass gerade in diesen Auslassungen, die doch einen Theil der zum Anpreisen und zur Verherrlichung des grossen Dichters bestimmten Betrachtungen und Lehren bilden sollen, die Schätzung Shakspere's nach dem Maasse seines grossen poetischen Werthes nicht den mindesten Zuwachs erhält. Vielmehr liegt in dieser Abwei-

sung einer gewissen Klasse von Lesern und Beobachtern
Shakspere's eine weit geringere Würdigung und Schätzung
als in dem unleugbaren Umstande, dass die Macht seines
weitumfassenden Geistes und seiner sittlichen Tiefe zu den
Unmündigen sowohl als zu den gereiften Köpfen, zu dem
minder Begabten, wie zu dem Hochverständigen zu reden
versteht. Und machen wir häufig die Erfahrung, dass
der ungekünstelten Empfindung das Verständniss seiner
tiefsinnigen Schriften leichter zugänglich ist, als dem hoch-
gespannten Verstande der Verständigen, so werden wir
immer mehr zu der Ueberzeugung gedrängt, dass hier
von der ausgedehntesten Befriedigung der in den tiefsten
Geheimnissen der menschlichen Seele ruhenden Bedürfnisse
die Rede sein müsse. Fast dieselbe Meinung spricht der
Verfasser auf p. 576 mit folgenden Worten aus:

. . . . . „*Denn er ist, was er will: ein tiegerher-*
ziger Krieger und ein Kind, das harmlos spielt, ein
Genius und ein Idiot, der menschlichen Stärke und
Schwäche gleich kundig, das Haupt in den Wolken
und die Füsse auf der Erde. Daher haben die ver-
schiedensten Menschen sich an ihm gefreut und ihn
bestaunt, auch die von Natur ihm am Fernsten
lagen, denn Jeder fand eine Seite in ihm, die zu
ihm sprach; scheint ja kaum Etwas in der Mensch-
heit zu sein, was in ihm nicht ein Analoges fände."
Wir sind darnach vollständig berechtigt zu fragen,
welches· ist denn die Ueberzeugung des Verfassers? Denn
dass beide Auslassungen, sowohl die p. 564 gegebene, als
die hier befindliche, in der Meinung des Verfassers zugleich feststehn könnten, ist kaum zu glauben.

Unter solchen Umständen daran denken zu wollen,
dass es gelingen könne, die Erhabenheit und Tiefe von
Shakspere's Anschauungen zu fassen, indem wir uns aus

mühsam ergrübelten und dürftigen Sittensprüchen und
Lehrsätzen oder aus hastig aufgerafften Grundsätzen der
Moral und Sittenlehre eine ärmliche Leiter zusammenzim-
mern, muss von Haus aus als das Unstatthafteste abge-
wiesen werden. Es wird freilich ebenso widersinnig erscheinen, hier dem Gefühle allein vertrauen zu wollen.
Doch werden die Forderungen, welche Behufs der Läu-
terung und Zurechtweisung der Empfindungen an den
Verstand zu stellen sind, weit über die Grenzen hinaus-
zugehn haben, die von dem Systeme der Wissenschaft erreicht werden können. Wie fruchtlos und unerquicklich
hat man nicht darüber gestritten und geeifert, unter welchem Gesichtspunkt das Wissen Shakspere's zu fassen sei?
Wie hat man nicht seinen Mangel an wissenschaftlicher
Bildung mit fast mitleidigen Blicken betrachtet? Und doch
hat das gründliche Wissen, die umfassende Gelehrsamkeit
so manches grossen Kopfes an seiner Auslegung Schiff-
bruch gelitten. Geht es mit ihm doch wie mit dem grossen Reiche der Schöpfung selbst. Wo man Zufall und
Willkühr zu sehn meinte, hat man den tiefsinnigsten Plan
und das unerschütterlichste Gesetz erkennen müssen, wo
man glaubte, von der Verwirrung der Regellosigkeit befangen zu werden, offenbart sich die Beobachtung der
einfachsten Regel, an der Stelle betäubender Widersprüche
macht sich die wohlthuendste Harmonie geltend. Es be-
giebt sich vor unseren Augen eine Entwickelung von Begebenheiten und Zuständen, die zu einander in dem Verhältniss des wunderbarsten Organismus stehn. So ist es
in seinen grossen Trauerspielen, wo in dem Kampfe
zwischen Leidenschaft und Verhängniss unser Gemüth bis
in die innersten Tiefen erschüttert wird, wo sich Seelen-
zustände der wunderbarsten Natur mit der Kraft des eig-
nen Erlebnisses vor unser Auge stellen; und wo dennoch

unser Urtheil in der kunstreichsten, oft zartesten Weise
aus den Banden der Verwirrung und Verzweiflung zu
dem Lichte der Erkenntniss von einer tief und fest begründeten Weltordnung hinausgeführt wird. So ist es in
dem grossen achttheiligen Drama aus der englischen Geschichte. Wie gross und.mächtig ist hier die Historie in
ihrer tiefsten und schwersten Bedeutung erfasst. Hier
spinnt sich vor unseren Augen in einer Reihenfolge von
fast hundert Jahren eine Kette von Begebenheiten und
Handlungen ab, die aus Schwäche und Frevel entsprungen,
und als Samen des Unrechts ausgestreut, unter den man-
nichfaltigsten Wechselfällen von Kraft und Tapferkeit, von
Vaterlandsliebe und Vasallentreue, von Hochmuth und
Frevelsucht, Rachgier und Herrschsucht zu der Frucht
der Vergeltung reifen und zu einem furchtbaren Gerichte
führen mussten. Mit welcher Tiefe des Ernstes tönen in
dieser grossen Tragödie vom Beginn des Gedichtes an die
Prophezeihungen der unausbleiblichen Vergeltung zwischen
den verwickelten Handlungen hindurch, und in den Ver-
wünschungen, welche im Schlussdrama dem Munde der
Niedergetretenen entströmen, glauben wir die Posaune des
Gerichtes zu hören. Wenn wir bei solchen Anschauungen
fühlen, dass der grosse Geist des Dichters seinen gewaltigen Stoff mit unverwandtem Blicke auf dieses Endziel
gehandhabt und sicheren Schrittes auf dasselbe hinausgeführt hat, dann dürfen wir wohl von einem Kunstwerke
reden, das in seinem fein und mannichfach gegliederten
Organismus einem Werke der Schöpfung nahe kommt.
Wer vermöchte diesen Eindruck zu empfangen und in
der Hingebung an denselben nach abgeleiteten Grundsätzen und Begriffen zu suchen? So wenig als die Kräfte
und Befähigungen, die wir mit Wissen, Erkennen und
Urtheilen bezeichnen, bei diesen Schöpfungen die Allein-

herrschaft führen konnten, so wenig wird unser blödes
Auge dem Dichter in die innersten Tiefen seiner Anschauungen und Darstellungen folgen können, wenn wir
nicht versuchen, uns an seiner Hand auf die Höhen zu
erheben, von welchen er mit durchdringendem und erschöpfendem Blicke in das Leben der Welt und des
Menschengeschlechtes hinabschaute.

Was ist das Unsterbliche, das wir an den grössten
Dichtern des Alterthums und vor Allem an Homer und
Sophokles verehren? Wenn grosse Geister wie Goethe und
Schiller das Menschliche im Homer als den wesentlichsten
Magnet für ihre innige Liebe zu diesem Dichter bezeichnen, so können wir darunter nichts Anderes verstehen,
als das, was die unvergänglichsten Bedürfnisse im menschlichen Herzen befriedigt. Es ist der Drang nach den
höchsten Anschauungen, denen der menschliche Geist zugänglich ist. Haben jene grossen Dichter hierin ihrem
ganzen Berufe genügt, so konnten sie dieses Ziel nur dadurch erreichen, dass ihr Geist mit den erhabensten Ideen
ihrer Welt aufging, und so lebt denn in ihren Gedichten
vor unseren Blicken alles Erhabene und Grosse, alles Er-
bauende und Begeisternde, was ihre Welt erfüllte. Das
Heroische der glänzenden griechischen Welt wird in
ihren Gesängen und Dichtungen auch für uns zum Er-
lebniss.

Hier nun liegt mit Einem Worte ausgesprochen der
Punkt, auf welchem diese mit dem grössten Dichter der
neueren Zeit sich berühren, und zugleich die Grenze, auf
welcher sich dieser von jenen scheidet. Gleiche Innigkeit
und Tiefe der Empfindung in dem Erfassen und Durch-
fühlen ihrer Zeit und Welt, und dennoch welcher Abstand
der Welt und Zeit, in welcher Shakspere den höchsten
Preis auf der Bahn seiner Dichtung errang, von derjeni-

gen, auf deren Boden Homer und Sophokles als die grössten Dichter standen. Wie seltsam, man darf sagen, wie thöricht würde es erscheinen, wenn wir bei dem gleichen Ausspruch, den wir im Vordersatz an den Einen, wie an die Anderen stellen, bei Shakspere darüber hinwegsehn könnten oder wollten, ob seine Anschauungen und Dichtungen zu derjenigen Höhe hinaufreichen, zu welcher die Ideen seiner Welt im Vergleiche zu jenen gesteigert sind. Dass mit der christlichen Offenbarung der Kreis der Ideen, von denen das menschliche Geistesleben getragen und erhoben wird, in's Unendliche erweitert worden ist, wird selbst von Gervinus nicht geleugnet werden wollen. Es wird daher keines Nachweises bedürfen, dass die Befriedigung, Erbauung und Erhebung, die wir bei Shakspere's Werken in den angedeuteten Eindrücken finden, und die selbst Gervinus, wenn auch mit geringerer Innigkeit und Wärme aus ihnen schöpft, völlig undenkbar wären, wenn der Dichter nicht, so weit es vom menschlichen Geiste gefasst werden kann, mit diesen ins Unendliche ausgedehnten Ideen seiner Welt aufgegangen wäre. Sträubt sich aber die Anschauungsweise des Verfassers gegen das Zugeständniss, dass in Shakspere's Dichtungen der Geist der unmittelbaren Offenbarung weht, und sucht er mit den Versicherungen (p. 568) Shakspere sei kein Fanatiker und kein Unchrist, kein Atheist und kein Mystiker, fast in ängstlicher Weise den möglichen Vorwurf abzulehnen, als sei er auf der einen oder anderen Seite zu weit gegangen, so ist es wohl erlaubt zu fühlen, dass er mit sich selbst darüber im Streite liegt, wo die Lösung der gestellten Aufgabe zu finden sei.

Wie leicht wäre die Beantwortung dieser Frage gewesen, wenn seiner Anschauung ein wesentlicher Zug, der trotz des Gewaltigen und Erschütternden durch alle Dichtungen Shakspere's durchgeht, hätte zugänglich werden wollen. Mit den Worten (p. 551):

*er habe mehr als irgend ein anderer Schriftsteller
die Liebe der Menschlichkeit erhoben,*

streift seine Fassungskraft an der Wahrnehmung dieses Zuges hin. Doch die innige Theilnahme des Dichters an Allem, was in der menschlichen Natur liegt, die Liebe und Milde, mit denen er alles Menschliche durchdringt und erfasst, gehört zu sehr in das Bereich der tiefsten Empfindung, als dass sie mit einer flüchtigen Bemerkung erschöpft werden könnte. Auch gehört die Fähigkeit und Neigung Shakspere's, nicht die erhabenen und Ehrfurcht gebietenden Kräfte der Menschen allein, sondern neben und in ihnen die Schwäche und Hinfälligkeit des menschlichen Seins mit einem durchdringenden Auge zu betrachten und oft mit den rührendsten Farben zu schildern, so sehr zu dem ganzen Bilde von Shakspere's sittlicher Anschauung, dass wir nur ein dürftiges, man darf sagen, ein betrügerisches Bild von derselben gewinnen, wenn wir nicht in dieser Richtung uns in seine Empfindungen vertiefen lernen. Das Grausame, Furchtbare und bis zur Vernichtung Erschütternde darzustellen, sind wohl auch andere seiner Zeitgenossen und Nachfolger bestrebt gewesen. Marlowe war in dieser Hinsicht vielleicht am stärksten. Er hat das Chaotische in den Leidenschaften mit den kühnsten Zügen zu schildern verstanden, auch Thomas Kyd in der spanischen Tragödie und Webster in der Vittoria Corombona haben sich dieser Richtung zugewendet. Von Shakspere besitzen wir nur eine dramatische Dichtung, in welcher diese Neigung vorzuherrschen scheint. In den Zweifeln aber, die gegen die Aechtheit dieses einen Stückes, des „Titus Andronikus", erhoben sind, liegt schon gewissermassen das Anerkenntniss der unbewussten Em-

pfindung, dass diese nach einem titanischen Wesen hinaus
greifenden Uebertreibungen mit Shakspere's eigenthüm-
licher Natur nicht vereinbar seien. Gleichwohl ist es nicht
richtig, ihm darnach diese Dichtung abzusprechen; denn
selbst inmitten der blutigen Greuel, die uns hier empören,
sind Züge der zartesten Empfindung eingestreut, wie sie
bei jenen Dichtern vergeblich gesucht werden. Die auf-
opfernde Entsagung und Treue des Titus Andronikus
selbst, wiewohl zu einer Schwäche gesteigert, die dem Ge-
sammtbilde zum Nachtheil gereicht, gehört in eine Region
der Empfindung, die Marlowe und Anderen unzugänglich
war. Doch kann hier überhaupt nur von der jugend-
lichen Verwendung der unbewussten Anlage die Rede sein.
Ihre zur Befähigung und Kraft gesteigerte Ausbildung
aufzusuchen, kann nur in den Gedichten statthaft sein, wo
die Reife seines grossen Ingeniums die Feder führt. Hier
ist es in der That häufig der Fall, dass wir selbst in den
Verwirrungen der furchtbarsten Leidenschaften von den
sanftesten Tönen der zartesten Empfindung gerührt werden. König Lear in seinem Wahnsinn, Othello in der
höchsten Gluth der eifersüchtigen Verblendung entfallen
Aeusserungen der feinsten und sinnigsten Gefühle. Dass
wir hierbei empfinden, wie die zartesten Fäden der Liebe
noch nicht zerrissen, wenngleich zu schwach sind, um die
tragischen Gestalten aus dem Sturme der Leidenschaft
hinauszuleiten, ist von tief einschneidender Wirkung auf
unser Herz; und wir könnten die Berührung dieser Seite
unseres Gefühls nicht entbehren, ohne dass diejenige Theilnahme im innigsten Mitleide abgeschwächt würde, die der
tragischen Empfindung zum Boden dienen muss. Doch
was hier nur in einzelnen zerstreuten Zügen eingemischt
ist, hat Shakspere in anderen Gestalten als wesentliche
Theile der natürlichen Charakterbildung mit eigenthüm-

licher Vorliebe ausgeführt. Der unglückliche sechste Heinrich ist das ausgeführte und im höchsten Grade tiefsinnige
Gemälde einer Seelenbildung, in welcher die Feinheit der
Empfindung zu der verhängnissvollen Schwäche wird; und
wie furchtbar und verderblich diese Schwäche auf das
Gemeinwesen drückt, dessen Schicksale er hätte leiten und
regieren sollen, so ist doch die Quelle, der sie entspringt,
unserem Herzen zu theuer, und das Verhängniss, zu dem
sie ihn führt, von allzu erschütternder Wirkung, als dass
wir ihm unsere innigste Zuneigung versagen könnten.
Richard II. schwach, wankelmüthig und zweideutig im
Beginn der Handlung, versöhnt uns in seinem Unglück
mit denselben zarten und rührenden Empfindungen, die
dort das ganze Bild beherrschen. Um an eine Schöpfung
zu erinnern, wo die feinste Empfänglichkeit für die zartesten Eindrücke der Empfindung in den rührendsten Bildern dem Zauber der Leidenschaft entgegengestellt ist,
brauchten wir nur auf einige der Selbstgespräche Macbeth's zu verweisen. Selbst in dem innersten Wesen der
als Furie verschrieenen Lady Macbeth ruhen die Keime
einer feinen weiblichen Empfindung. Was uns in ihrem
somnambulen Zustande mit der unwiderstehlichsten Gewalt
ergreift und uns das Herz zerschneidet, steht auf dem Boden der zartesten und tiefsten Geheimnisse unserer Ge-
fühlswelt.

In dem Allen liegt mehr als genug, um uns zu der
Anschauung hinzuleiten, wie weit Shakspere's Dichtungen
in der Unendlichkeit der in ihnen ruhenden Empfindungen
über das Höchste, was uns vom Alterthum geboten werden konnte, erhaben sind. Doch ist der Kreis von Ideen,
der die eigenste Grenze zwischen dem Erhabensten aus
der klassischen Poesie und Shakspere's weit mehr erhabenen Dichtung bildet, mit der Hindeutung auf diese Ge-

fühle noch nicht geschlossen. Es fehlt daran noch eine
positive Kraft seiner grossen Seele, die in nichts Anderem
zu suchen ist, als in dem festen Glauben an diejenige
Gnade und Liebe, in deren Annahme allein der Schlüssel
ruht zu dem unergründlichen Räthsel unseres Daseins.
Fast möchte man sich gegen die Sorge von Gervinus,
dass Shakspere ja nicht zum Mystiker gemacht werden
dürfe, hier der genaueren Auslegung von dem eigentlichen
Sinne dieses Wortes bedienen. Doch wozu? Dass die
tiefsten und unerschöpflichsten Anliegen der Seele nicht
in der Auffindung einer Wahrheit, die von der an die
sinnliche Natur des Menschen gebundenen Vernunft zu
erfassen sein könnte, sondern nur in einer Idee, die über
der menschlichen Vernunft steht, mit anderen Worten,
nicht in einer positiven Gewissheit, sondern in einem tiefsinnigen Geheimniss ihre Befriedigung suchen müssen, ist
schon in den Vordersätzen dieser Auslassungen ausgesprochen worden. Für diese Aufstellung nach Beweisen
in einem abgeschlossenen System zu suchen, würde ebenso
fruchtlos sein, als das Räthsel unseres Daseins auf diesem
Wege zu erschöpfender Lösung bringen zu wollen. Gewiss ist es dagegen, dass alle Bestrebungen und selbst die
äussersten Anstrengungen des menschlichen Geistes, so
lange die Welt steht, nicht im Stande gewesen sind, für
die nur annähernde Befriedigung der theuersten Anliegen
und Bedürfnisse unserer Seele einen genügenderen Weg
aufzufinden. Vielmehr haben alle nur auf die menschliche
Vernunft gestellten Ermittelungen und Nachweise dermas-
sen zu dem Endziele der äussersten Verwirrung sittlicher
und religiöser Begriffe und Anschauungen hinausgeführt,
dass dabei die Vernunft selbst, deren Verherrlichung angestrebt wurde, am meisten zur Niederlage kam. Wir
brauchen in der neuen Geschichte nicht einmal um ein

Jahrhundert zurückzugreifen, um für diese Wahrnehmung
den Beleg in Händen zu haben. Ferner ist es unleugbar,
dass das geistige Leben der Menschheit im Laufe der Geschichte immer wieder von Neuem darauf hinausstrebt,
von denjenigen Banden sich zu befreien, mit denen der
arme menschliche Geist dasselbe zu umgeben sucht. Die
grossen Epochen, wo eine solche Reaction eintritt, sind
nicht von der Laune und Willkühr bezeichnet, sondern
es ist die den höchsten geistigen Bedürfnissen innewoh-
nende Macht, was die Entscheidung giebt, für den überwältigenden Drang aus der endlichen Beschränkung nach
der Freiheit im Uuendlichen. Man müsste von der Kir-
chenreform des sechzehnten Jahrhunderts eine sehr ge-
ringe Kenntniss haben und sie mit einem sehr beschränk-
ten Urtheil messen, wenn man sie unter einem anderen
Lichte betrachten wollte.

Jenes dunkle Wort von Gervinus, dass nämlich

in dem Sinne, wie Schiller das Christenthum darum
preise, dass es das starre Gesetz aufhebe und an
dessen Stelle freie Neigung setze, sei Shakspere's
Moral eine christliche,

könnte selbst nur dann einen Sinn haben, wenn man darüber mit sich einig wäre, was mit dem „starren" Gesetz
gemeint sein könne und worauf die freie Neigung gerichtet sein dürfe. Sollte unter jenem Ausdruck Alles verstanden werden, was die Urkunden unseres Glaubens als
Gesetz vorschreiben, und sollte die freie Neigung nur darauf gerichtet sein, jedem Triebe, gleichviel ob er diesen
Geboten widerspreche oder ihrer Befolgung zugewendet sei,
Berechtigung zuzusprechen, dann wäre weder Schillers
Ausspruch, wo immer er zu finden sein mag, dem Sinne
des Christenthums entsprechend, noch die Moral Shakspere's eine christliche zu nennen. Ist aber, wie es bei

der Voraussetzung, dass Gervinus etwas vollkommen Widersinniges nicht hat schreiben wollen, kaum anders anzunehmen sein wird, mit dem Ausdrucke des „starren“ Gesetzes die Aufhebung des nach dem alten Bunde ausgesprochenen Fluches gegen die Missachtung des Gesetzes und mit der freien Neigung die Befreiung des menschlichen Geistes von diesem Drucke gemeint, dann liegt in seinen eigenen Worten die Hinweisung auf das tiefsinnigste Geheimniss. Wem sollte das Anerbieten der freien Gnade in dem Versöhnungstode Jesu Christi — denn das ist es ja, was uns allein von dem „starren“ Gesetze befreit — in seiner vollen Bedeutung vollständig fasslich erscheinen? Wer wäre es, der bei dem Streben, sich in die unergründliche Tiefe der göttlichen Gnade und Liebe mit inniger Hingebung zu verrenken, sich nicht von dem Flügelschlage eines bis in das Unendliche hinaufreichenden Geheimnisses berührt fühlte? Dass Shakspere dieses Mysterium mit der ganzen Kraft seiner Empfindung erfasst und zum Gegenstande seines innigen Glaubens gemacht habe, lernen wir, wie ich fest überzeugt bin, nicht sowohl aus einzelnen Stellen, sondern aus dem ganzen Sinn und Zusammenhange seiner Werke. Wollte man deshalb ihm oder denjenigen, die diesen Sinn in seinen Schriften finden, den Namen des Mystikers beilegen, so würde in demselben nur ein weit ausgedehntes Lob zu erkennen sein. Darüber, dass in Shakspere's Dichtungen eine Anhänglichkeit oder Verehrung für Geheimlehren menschlicher Satzung, gleichviel ob diese auf dem willkürlich aufgestellten Canon oder auf den verschrobenen Ansichten fanatischer Sekten beruhe, nicht im Mindesten durchscheine, würde jede abweisende Bemerkung müssig sein. Denn ein Mysticismus, der nach der einen oder anderen Art dieser Geheimlehren gewendet sein könnte, ist ohnedies mit der Anschauungsweise Shakspere's unvereinbar. Nur kann weder aus diesem noch aus jenem Vordersatze gefolgert werden, dass er nur der Lehre huldige von „einer in das menschliche Herz niedergeschriebenen Offenbarung“, von „einem Lichte der Natur“ oder „von einem Selbstgefühle, in dem die uns angebornen Kräfte des Gewissens und der Vernunft mit dem Willen zusammengebildet sind zur bewussten Ergreifung würdiger Lebens•zwecke.“

Diese Behauptungen aus einzelnen Stellen nachzuweisen, ist schon wiederholt von guten Köpfen versucht worden. Auch würden uns, wenn es darauf ankäme, aus diesen Vorarbeiten, sowie aus eigener Anschauung viele Stellen zu diesem Behufe zu Gebote stehn. Es ist aber, vorzugsweise bei dramatischen Dichtungen, nicht immer leicht, noch thunlich, über die Gesinnung des Dichters aus einzelnen Stellen ausser dem Zusammenhange ein erschöpfendes Urtheil zu fällen. Indessen beweist doch der Umstand, dass bei Shakspere die nur mit einer christlichen Gesinnung vereinbaren Anschauungen in unzähligen Stellen durchleuchten, die ununterbrochene Richtung seines Gemüthes auf dieselben. Gervinus spricht p. 567 aus:

> dass Shakspere viel zu freidenkend gewesen sei, um irgend eine bestimmte Form religiöser Anschauung in seinen Dichtungen anders, denn eine einzelne Seite im Menschen, als ein charakteristisches Attribut darzustellen.

Diese Meinung mindestens ist aus solchen Stellen vollständig zu widerlegen, wo Empfindungen, die nur mit der innigen Anhänglichkeit an die Lehren des Evangeliums vereinbar sind, mit der Wärme der eigenen Ueberzeugung ausgesprochen werden. In dieser Beziehung ist es auffallend, dass Gervinus Auslassungen dieses Gehaltes in

dem Munde Heinrichs V. übersieht, da er wiederholt die
Meinung ausspricht, dass gerade dieses Charakterbild mit
der grössten Vorliebe ausgeführt sei. Die Worte, welche
Heinrich V. an die des Hochverraths angeklagten Lords
richtet und namentlich die Reden gegen Lord Scroop sind
von der Milde sowohl als dem Ernst einer christlichen
Gesinnung völlig durchdrungen. Vor allem Andern ist
der Schluss dieser Anrede überaus rührend. Nachdem er
die Verführungskünste des Bösen gegenüber den Vorzü-
gen, die den tief Gefallenen ausgezeichnet haben, geschildert hatte, schliesst er mit den Worten:

> „Ich will um dich weinen,
> Denn dieses dein Empören dünket mich
> Ein zweiter Sündenfall.“

An einer andern Stelle (A. IV. S. 1), wo er sich im in-
brünstigen Gebet an Gott gewendet und mit der innigen
Ueberzeugung des Rechtes der unrechtmässigen Erwerbung
der Krone durch seinen Vater und der Sühne, die er deshalb Gott angeboten habe, gedacht hat, schliesst er mit
den Worten:

> „Mehr will ich thun,
> Doch alles, was ich thun kann, ist nichts werth,
> Weil meine Reue noch nach allem kommt,
> Verzeihung flehend.“

Hier kann nicht die Rede sein von einer allgemeinen
Frömmigkeit nach willkührlich erfassten Religionsanschau-
ungen. Denn in keiner Religionslehre ist die versöhnende
Milde gegen den eigenen Feind und die tiefe Bedeutung
der Reue und Busse als alleinige Bedingung für die Erlangung der Vergebung so gewiss ausgesprochen, als im
Evangelium. Wollte man den Ausdruck der Demuth
(A. IV. Sc. 8 u. A. V. Chorus), mit welcher der König
alle Ehre des Sieges Gott allein zuspricht, nur unter dem

Lichte einer allgemein zu fassenden Frömmigkeit betrachten, so würde diese Ansicht, — wiewohl nach jenen Vordersätzen irrthümlich — weit eher nachzusehn sein, als in jenen Stellen, wo es sich um ein spezifisch christliches Princip handelt. Ist es denn wahr (und ich wüsste nicht, wie man daran zweifeln könnte), dass Shakspere den König Heinrich V. in dem edelsten Lichte und höchsten Glanze hat darstellen wollen, so kann man mindestens darüber nicht zweifelhaft sein, dass es in seiner Absicht gelegen habe, ihm charakteristische Attribute beizulegen, die er selbst für die erhabensten und preiswürdigsten gehalten habe. Dazu kommt, dass diese Gesinnungen eines christlichen Herrn und Königs nicht blos eine einzelne Seite des Menschen bilden, sowie es überhaupt von einer grossen Schwäche in der Ausführung der Charakterbilder zeugen würde, wenn dieselbe nur aus einzelnen Zügen gewissermassen zusammengestoppelt würde. Vielmehr liegt gerade darin eine hervorragende Kraft Shakspere's, dass die Menschen, welche er uns vorstellt, ein abgeschlossenes Ganze in der Gestaltung ihrer Gemüths- und ihrer Sinnesart bilden. Und so ist es auch hier der Fall. Heinrich V. ist in der ganzen Ausdehnung seiner Erscheinung das lebendige Bild eines Königs, der von den edelsten christlichen Gesinnungen durchdrungen ist.

Gleichwie hier das Christliche triumphirend dargestellt ist, tritt es in dem schon erwähnten Heinrich VI. unter dem Drucke der Schwäche auf. Auch hier ist es weder Nebensache, noch bildet es nur eine einzelne Seite des Menschen. Eben so wenig liegt die Veranlassung zum Untergange dieses unglücklichen Königs in der Mangelhaftigkeit und Schwäche des christlichen Princips oder der christlichen Moral an sich selbst, sondern in der Schwäche, mit welcher er dasselbe zu erfassen meint und doch seinem Wesen nach nicht fasst. Wie unendlich tief und gewaltig zeigt sich doch gerade in diesem meisterhaften Bilde die Einsicht des grossen Dichters in das Tragische. Wie fühlen wir gerade hier, dass dem Unterliegenden eine Macht zur Seite steht, die ihn und sein Reich retten könnte, wenn er sie zu gebrauchen verstanden hätte, und die in dem Sturm und Wirbelwind der ihn umgebenden Parteileidenschaften, dennoch ohnmächtig scheint, weil er in seiner Schwäche sie nicht zu handhaben versteht und sich den wesentlichsten Feinden derselben verbindet. Was der tragischen Empfindung an Theilnahme in dem innigsten Mitleide als unveräusserliches Recht gehört, ist hier mit der tiefsinnigsten Kunst bewahrt, und es würde nur eine unbillige Uebereilung des eigenen Urtheils sein, wenn wir gegen den unglücklichen König an den Stellen, wo seine Schwäche zum Vergehn an der königlichen Pflicht wird, ein verdammendes Urtheil aussprechen wollten. Ueberaus wichtig und gross ist dagegen, gewiss nicht ohne die tiefste Absicht des Dichters, die Scene, wo der König an das Sterbebette des herrschsüchtigen und grausamen Cardinals tritt. Hier steht der tiefsinnige Glaube an die unerschöpfliche Gnade in Heinrichs Gemüth in der unzweifelhaftesten Weise vor unserem geistigen Auge.

K. Heinr.: O du, der Himmel ewiger Beweger,
    Wirf einen Gnadenblick auf diesen Wurm!
    O scheuch den dreistgeschäft'gen Feind hinweg,
    Der seine Seele stark belagert hält,
    Und rein'ge seinen Busen von Verzweiflung.

Warw.: Seht, wie die Todesangst ihn grinsen macht.

Salisb.:   Verstört ihn nicht, er fahre fried-
lich hin.

K. Heinr.: Wenn's Gott geliebt, mit seiner Seele
Frieden! —

Lord Cardinal, denkst du an ew'ges Heil,
So heb' die Hand zum Zeichen deiner
Hoffnung. —

Er stirbt und macht kein Zeichen: Gott
vergieb ihm!

Warw.:   Solch übler Tod verräth ein scheusslich
Leben.

K. Heinr.: O richtet nicht, denn wir sind alle Sünder.
etc.   etc.   etc.

Ist es wohl denbar, dass Shakspere diese erschütternde
Schilderung von dem Gegensatz der vernichtenden Verzweiflung gegen den zuversichtlichen Glauben an die er-
lösende Gnade uns hätte geben können, wenn dieser
Glaube nicht in seinem eigenen Innern fest begründet gewesen wäre? Eher könnte man fragen, wie es möglich
sei, solche Zeugnisse völlig zu übersehn und im Widerspruch mit ihnen uns die verkehrteste Schilderung der
Grundzüge von Shakspere's sittlicher Anschauung zu
geben?

Dies ist um so verwunderlicher, als dieses Zeugniss
von Shakspere's innigem Glauben an die göttliche Gnade,
wie sie nur vom Evangelium und von keinem philosophischen System, noch von irgend einer aus menschlicher
Vernunft oder Thorheit hervorgegangenen Satzung gelehrt
wird, keineswegs allein steht. Vielmehr wird an vielen
Stellen seiner Schriften darauf hingewiesen. In jener
furchtbaren Nachtscene, wo Macbeth nach vollbrachtem
Morde in der Halle wieder auftritt, sagt er unter Anderm:

Der schrie, Gott sei uns gnädig! jener Amen,
Als säh'n sie mich mit diesen Henkershänden.
Behorchend ihre Angst, konnt ich nicht sagen:
Amen, als jener sprach: Gott sei uns gnädig.

Wäre es denn nur ein zufälliger Einfall, der dem Dichter diese Worte an dieser Stelle eingegeben hätte? Und hätte auch die momentane Inspiration diesen Gedanken dargereicht, so konnte das Gefühl, dass es sich hier nicht blos um ein gemeines Verbrechen, sondern um die Empörung gegen die göttliche Gnade handle, nur aus einem Gemüth entspringen, dass dem innigen Glauben an diese ergeben war. Dasselbe muss von der Stelle in Hamlet gelten, wo der tief erschütterte König Claudius im Gebete nach der Annahme der Gnade ringt und sich nicht zu ihr erheben kann, weil er unfähig ist, die Reue zu finden. Was soll man endlich zu der bekannten schönen Stelle im Kaufmann von Venedig sagen, wo Porzia die Herrlichkeit der Gnade schildert und mit folgenden Worten schliesst:

„Dass nach dem Lauf des Rechtes unser keiner
„Zum Heile käm'; wir beten all' um Gnade" etc.

Auch hier ist es nicht eine einzelne Seite in Porzia's Gemüthe, um deren Schilderung es sich gehandelt hätte. Es ist nicht einmal eine einzelne Seite der ganzen Begebenheit des Drama's, deren Versinnlichung hier dem Dichter am Herzen gelegen hätte. Vielmehr dreht sich die gesammte Handlung immerwährend um den Gegensatz der Gnade gegen das Recht und das Verdienst.

Ich habe es nicht ohne Absicht unterlassen, hier irgend eine Stelle anzuführen, wo in dem Worte allein, sei es in der Nennung des Namens Jesu Christi, in der des heiligen Kreuzes oder eines anderen Symbols unserer christlichen Kirche die Anhänglichkeit Shakspere's an dieselbe ausgesprochen wird. An solchen Stellen fehlt es nicht. Doch beweisen sie weniger und mussten aus doppelten Gründen seltener sein. Bei der Verehrung, die selbst am Worte und am Namen hängt, mochte eine solche Erwähnung in Dichtungen, die zur öffentlichen Belustigung dienen sollten, an sich selbst dem Dichter widerstreben. In den späteren Jahren seiner dichterischen Laufbahn, kurz nach dem Regierungsantritt Jakobs I., erging sogar ein positives Verbot gegen die Nennung der Namen von Gott und dem Heiland. Es ist daher mit diesem Umstande völlig zutreffend, dass der Letztere, der überhaupt verhältnissmässig nur selten in Shakspere's Dichtungen gefunden wird*), in keinem Stücke vorkommt, das nach jenem Verbote geschrieben sein kann. Auch ist die Stelle in „Maass für Maass", wo Isabella genau auf den Heiland hinweist, ohne seinen Namen zu nennen, aus der Befolgung dieses Verbotes zu erklären. Wie sehr es aber Shakspere's unabweisliches Bedürfniss war, den tiefsten Sinn der christlichen Lehre festzuhalten und zum Boden seiner sittlichen Anschauung zu machen, geht gerade aus dieser Stelle am meisten hervor (A. II. Sc. 2.):

> Weh mir!
> Ach alle Welt war Gottes Zorn verfallen,
> Und er, dem Fug und Macht zur Rache war,
> Fand aus Vermittlung. Wie erging' es Euch,
> Wollt' Er, das allerhöchste Recht, Euch richten
> So wie Ihr seid?

---

*) Der Name Jesu kommt vor: 2mal in Richard II., 3mal in I. Henry IV., 1mal in II. Henry IV., 5mal in II. Henry VI., 2mal in Richard III., 3mal in Romeo und Julie. Der Name Christus 2mal in Richard II., 2mal in I. Henry IV., 1mal in Henry V. und 1mal in Richard III.

Darüber, dass Shakspere solche sittliche Anschauungen denjenigen Quellen nicht habe entnehmen können, die uns Gervinus dafür angiebt, wird kein Wort mehr zu verlieren sein. Welches seine Quelle religiöser und sittlicher Anschauungen war, kann aber jedem, der mit dieser Quelle nur einiger Maassen vertraut ist, nicht zweifelhaft sein. Es ist eben keine Andere, als die Heilige Schrift selbst. Das Lesen dieser Urkunde unserer Religion in der Muttersprache war in Shakspere's Zeiten ein weit ver-breitetes, fast allgemeines Bedürfniss. Muss denn der Dichter, wie schon wiederholt ausgesprochen worden ist, in alle Regungen des geistigen Lebens seiner Zeit eingedrungen sein, so konnte es gar nicht geschehn, dass er, der das höchste Ziel seines dichterischen Berufs erreicht hat, von dieser wesentlichen Geistesrichtung seiner Zeit unberührt geblieben wäre, zumal da es sich bei derselben in erster Reihe nicht um wissenschaftliche Begriffe und Systeme, sondern um Ideen und Anschauungen handelte. Unter allen Umständen liegt es daher in der Verpflichtung eines Kritikers von Shakspere die Frage zu ergründen, wie die Stellung des Dichters zu dieser Richtung der Zeit gewesen sei. Was von den Auslassungen von Gervinus erwähnt worden ist, beweist dagegen, dass er, in der vermeintlichen Sicherheit über die Grundzüge von Shakspere's sittlicher Anschauung nach eigenen Meinungen aburtheilen zu können, nicht einmal den Versuch gemacht hat, über diese Frage zu einer nur annähernden Gewissheit zu kommen. Wie sollte es sonst möglich gewesen sein, dass ihm die oft schlagende Uebereinstimmung von Shakspere's Anschauungen mit solchen, die nur aus der Heiligen Schrift zu entnehmen sind, gänzlich entgangen ist? Diese Uebereinsimmung ist so augenfällig, dass nicht allein viele der Commetatoren in ihren Anmerkungen auf die betref-

fenden Bibelstellen, denen eine Anschauung entnommen
sein könnte, wiederholt aufmerksam gemacht haben, sondern
auch oft die Vermuthung ausgesprochen worden ist, Shakspere habe bei Auslassungen, die zur sittlichen Betrachtung
einzelner Situationen bestimmt sind, oder bei der Darstellung ganzer Begebenheiten eine genau nachzuweisende
Bibelstelle im Sinne gehabt. Bei dem Drama „Maass für
Maass" liegt diese Vermuthung allerdings sehr nahe. Selbst
dann, wenn wir nicht mit Bestimmtheit wüssten, dass dieser
bezeichnende Titel nur von Shakspere selbst herrühre, •
würde uns der ganze Gehalt und vieles Bezügliche im
Stücke zu der Annahme berechtigen, man solle nach des
Dichters Absicht an die Stelle im Evangelium Matth.
Cap. VII. v. 2 denken: „und mit welcherlei Maass ihr
messet, wird euch gemessen werden" (and with what
measure ye mete, it shall be measured to you again pp).
Mindestens liegt hier eine weit grössere Wahrscheinlich-
keit vor, als bei manchen anderen Vermuthungen dieser
Art. So scheint es unter Anderm zu weit und zu unsicher
gegriffen, wenn der überaus geistreiche Verfasser eines
Aufsatzes in Quarterly Review (Vol. 115. p. 478.) zu
Romeo bemerkt, sein Leben und Tod sei die vollkommene
Dramatisirung des Spruches von St. Paul (Römer VII.
19). „Denn das Gute, das ich will, das thue ich nicht,
sondern das Böse, das ich nicht will, das thue ich." Noch
weniger kann es gebilligt werden, wenn man den Sinn
und die Bedeutung von Hamlets Charackter darin sucht,
dass Shakspere dieser Dichtung eine bestimmte Bibelstelle
habe zu Grunde legen wollen, wie diess vor nicht langer
Zeit von einem Gelehrten angestrebt worden ist.

Alle diese Versuche, den tiefen und unergründlichen
Sinn von Shakspere's Dichtungen, so zu sagen, in einen
engen Rahmen fassen zu wollen, scheinen nicht blos un-

angemessen, sondern auch fruchtlos. Die Uebereinstimmung seiner sittlichen Anschauungen mit den aus der Heiligen Schrift zu entnehmenden wird mindestens mit der
Hinweisung auf einzelne Stellen derselben ebenso wenig
genügend bezeichnet werden, als es möglich ist, die ganze
Heilslehre aus einzelnen Beweisstellen erschöpfend zu fassen.
Es muss sich vielmehr hier wie dort um das grosse Ganze
handeln, wenn ein nur einiger Maassen genügendes Verständniss eintreten soll. Nicht die Lehre, noch die Auf-
nahme derselben in das Gedächtniss und ihre Verarbeitung
mit den Verstandeskräften kann dabei im Allgemeinen,
und könnte um so weniger bei einem grossen Dichter,
wie Shakspere, genügen, wenn von einer innigen Uebereinstimmung der sittlichen Gesinnung mit dem Inhalte
der Heiligen Schrift die Rede sein soll. Was auf diesem
Wege das Talent zu leisten vermag, könnten wir bei-
spielsweise an Marlowe's Dr. Faustus lernen. Auch hier
werden von dem guten Engel Sätze der christlichen Lehre
ausgesprochen. Der geistreiche Dichter musste sie also
im Kopfe haben. Ob sie aber als innige Ueberzeugung
von seinem ganzen geistigen Dasein Besitz ergriffen hatten?
Das möchte man bezweifeln, selbst wenn nicht berichtet
würde, dass er sich in einer eigenen Schrift über die
Dreieinigkeit als einen entschiedenen Widersacher der
christlichen Lehre ausgesprochen hat. Wo wäre in seinen,
immerhin gewaltigen Dichtungen die Ruhe und Klarheit,
die nur unter dieser Voraussetzung denkbar ist, und deren
Mangel das Zeichen des Zweifels an der Stirne trägt.
Die Aehnlichkeit von Shaksperes Dichtungen mit orga-
nischen Werken der Schöpfung hat auch hier ihre Bedeutung. Dass wir in dem mannichfachsten Gemälde
scheinbarer Gegensätze und Widersprüche eine tiefbe-
gründete Harmonie entdecken müssen, führt uns zu der

4*

Ueberzeugung, in Shaksperes Gemüth und ganzer Seele
müsse — mindestens bei seinen vollendetsten Werken —
vor ihrer Schöpfung Alles abgethan gewesen sein, was zu
der Lösung jener Gegensätze und Widersprüche zu führen
hatte. Die herüber oder hinüber schwankende Spekulation,
die mühsame Sorge für Beseitigung des Zweifels oder das
eifrige Bestreben nach erschöpfender Rechtfertigung der
aufgestellten Gemälde, das Alles mag in dem Geiste des
Dichters gearbeitet und gewirkt haben, und wir sind
glücklich genug, die Spuren dieser Geistesthätigkeit verfolgen zu können, wenn wir die verschiedenen Bear-
beitungen mehrerer Stücke im rechten Lichte betrachten.
Haben wir aber das vollendete Kunstwerk vor Augen, so
tritt über der Wirkung desselben die Frage nach dem
woher? und wozu? in gleicher Weise zurück, wie bei
dem Genuss der Natur. Die Darstellungen und Bilder,
die Begebenheit und die Handlung, kurz Alles, was wir
sehn, beruht auf der nothwendigsten Reihenfolge von Ur-
sache und Wirkung, so dass die Erscheinung uns ergreift,
ehe noch unser Gemüth sich der Absicht bewusst wird,
den Eindruck in sich aufnehmen zu wollen. In ähnlichem
Falle befinden wir uns bei der Wahrnehmung, dass Shaksperes Anschauungen mit denjenigen übereinstimmen, die
uns von der Heiligen Schrift zugeführt werden. Es ist
nicht das Streben bemerkbar, die betreffende Anschauungsweise dadurch zur Geltung zu bringen und zu rechtfertigen, dass sie auf die Heilige Schrift gestützt wird,
noch darf man annehmen, dass sie nur deshalb aufgestellt
worden ist, weil sie einem bestimmten Worte entspricht,
das sich dem Gedächtniss eingeprägt, oder das der Verstand als maassgebend angenommen hätte. Es ist vielmehr die aus dem Heiligsten aller Bücher in das ganze
Leben der Seele übergegangene Ueberzeugung, was hier

zumeist thätig war. Wir dürfen daher hier von dem Glauben in der ausgedehntesten Bedeutung des Wortes reden, von einer Hingebung der ungetheilten Seele an das, was uns als Wahrheit angeboten wird. Auch könnte mich in dieser Ueberzeugung der unläugbare Umstand nicht irre machen, dass Shakspere selbst solchen Personen, die ihrer Stellung nach für religiös gestimmt gelten dürfen (dem Pater Lorenzo in „Romeo und Julie," dem als Mönch verkleideten Herzog in „Maass für Maass") an mancher Stelle Worte in den Mund legt, die mehr in das Bereich philosophischer als rein religiöser Betrachtungen gehören. Wir haben hier weder Musse noch Raum genug, um die Frage zu erörtern, ob an den betreffenden Stellen das positiv Religiöse mehr am Platze gewesen sein würde? Dagegen ist es gewiss, dass derartige Auslassungen solcher Personen den aus der Heiligen Schrift zu entnehmenden Wahrheiten nicht widersprechen, und dass sie nicht allein stehn, sondern sich anderen Aeusserungen derselben Männer, die unläugbar auf der positiven religiösen Ueberzeugung ruhn, im innigsten Einklang anschliessen. Von noch grösserer Bedeutung ist es, dass, wie schon aus den allgemeinen Bemerkungen über die Tragödien und Historien Shakspere's hervorgeht, die Anschauungsweise Shakspere's von dem gesammten menschlichen Sein und Leben nur auf diese Quelle zurückzuführen ist. Mag immerhin manches empfindliche Gemüth sich des Gefühls der Verletzung nicht erwehren können, wenn es bei Shakspere's Dichtungen zuweilen in die innersten Tiefen der Verworfenheit, ja wir dürfen sagen, in die Niedrigkeit der menschlichen Seele geführt wird, oder wenn ihm Situationen begegnen, wo sich die menchliche Schwäche selbst in das Gemeine und Schmutzige verirrt; dem ruhigeren Blicke wird es nicht entgehn, dass diese Darstellungen,

weit entfernt, der Hinfälligkeit oder dem Laster schmei-
cheln zu wollen, nur deshalb gegeben werden mussten,
weil ohne sie das Bild des Lebens, dessen Schilderung,
wie Shakspere selbst sagt, der eigentliche Zweck der
Bühne ist, nur ein halbes sein würde. Hierin gerade ist
die Auffassung Shakspere's mit dem Bilde des Lebens,
das in der Heiligen Schrift vor unseren Augen aufgerollt
wird, am Meisten übereinstimmend. Wer nur für das
Verletzende in der Wahrnehmung der Schwäche und Sündhaftigkeit des Menschen empfänglich wäre, würde selbst
die Bücher des alten Testamentes nicht lesen dürfen.
Wo ist, so dürfen wir getrost fragen, das Bild eines menschlichen Lebens im Alten Testamente, das für rein und
fleckenlos gelten dürfte? Selbst Propheten und Erzväter
sind nicht frei von dem Vorwurf der Schwäche und Lei-
denschaftlichkeit; und welche furchtbare Gräuel sehen wir
nicht unter Andern in den Büchern der Chronicken und
der Könige an unseren Blicken vorübergehn; und doch
wird der Gläubige die Augen nicht davon abwenden
wollen, weil daraus am Meisten die Erlösungsbedürftigkeit
einleuchtet und im Verlaufe der Heiligen Geschichte deren
Befriedigung hervorgeht. In so weit darf es für wahr
gelten, was der schon genannte Verfasser aus Quarterly
Review von Shakspere sagt: „Seine Linien sind so scharf
gezogen, wie die des Schriftgebotes:" „„Auf welchen Ort
der Baum fällt, da wird er liegen"" (Pred. Sal. XI. v. 3.
Doch wie hoch auch in dieser Beziehung Shakspere's
Ruhm gestellt werden möge, so ist doch nimmermehr zu
vergessen, dass er weder gewillt noch befugt war, ein
Evangelium zu schreiben. Wir dürfen daher in seinen
Schriften nicht die Lehre, sondern nur die begeisterte Anwendung derselben suchen. Hätte aber auch seine menschliche Begeisterung hier und dort geirrt, so ist diess kein

Grund, um aus seinen Schriften eine Sittenlehre zu entnehmen, die den Gegensatz gegen die aus der Offenbarung
zu gewinnenden Begriffe bilde, und das wird unläugbar
feststehn, dass in den Worten von Gervinus (p. 563)

> *„In Shakspere's Ansicht gebe es kein positives Re-*
> *ligions- und Sittengesetz, das die Regel des sitt-*
> *lichen Handelns in stets gültige Vorschriften fassen*
> *könnte" pp.*

eine durchaus falsche Behauptung ausgesprochen wird.

Bei den überaus mangelhaften und irrthümlichen
Vordersätzen, auf denen Gervinus seine Lehren aufzu-
bauen strebt, war es unvermeidlich, dass die Anwendung
derselben zu dem äussersten Missverständniss der Schriften
von Shakspere führen musste. Pag. 553 schreibt er:

> *„Shaksperes sittliche Ansicht geht von dem einfachen*
> *Gesichtspunkte aus, dass der Mensch mit Kräften*
> *der Thätigkeit geboren wird, die er brauchen soll,*
> *und mit Kräften der Selbstbestimmung und Selbst-*
> *lenkung, die diesen Gebrauch der handelnden Kräfte*
> *richtig steuern sollen".*

Alle diejenigen Widersprüche, die diesem Satze an-
gehängt sind, aufzuzählen und zu berichtigen, würde uns
zu weit führen. Ich bescheide mich daher nur Einiges
anzudeuten.

Unmittelbar nach diesem Satze lesen wir folgenden:

> *„Dulden muss der Mensch sein Scheiden aus dieser*
> *Welt, wie seine Ankunft; reif sein ist Alles."*
>
> *Warum bin ich? Die Frage thue deinem Schöpfer,*
> *mir ist's genug, dass du bist."*
>
> *Diese beiden Sätze bezeichnen den Standpunkt*
> *(Shakspere's) ganz genau.*

Man hätte billig glauben sollen, dass G. bei dem
Niederschreiben dieser Citate gefühlt hätte, wie diese

Worte nicht dazu geeignet sind, den oben angeführten
Satz zu stützen, sondern vielmehr denselben geradezu über
den Haufen werfen. Steht die unabwendbare Nothwendigkeit des Duldens am Beginn und Ende unserer Laufbahn, so ist es doch wohl undenkbar, dass nur der Gebrauch der uns angebornen Kräfte als das erste Gebot
unseres Berufes an die Spitze gestellt werden könne, zumal es darauf ankommen soll, reif zu sein. Die Frage,
zu was wir reif sein sollen, drängt sich so gebieterisch
auf, dass, ehe noch von dem Gebrauch der Kräfte gesprochen werden kann, dieselbe beantwortet sein müsste.
Dazu kommt, dass der Verfasser selbst von einer höheren
Stufe des Daseins spricht, und selbst aus Shakspere's
Munde die wiederholt eingeprägte Lehre anführt, die von
der Natur uns gewährten Kräfte seien uns nicht geschenkt,
sondern nur geliehen, nur deshalb gegeben, um gebraucht
zu werden. Und doch sollte Shakspere — wie Gervinus
ausspricht — bei der Betrachtung der in der Natur und
in der Menschheit liegenden Kräfte den Zweck der
ungeheuern Bewegung nur in der Bewegung gesehn haben? Sollte es nicht einfacher und zweckdien-
licher gewesen sein, vorerst bei dem Gebote des Duldens
stehn zu bleiben. Diess muss doch an einen höheren Zweck,
als der allein in der Bewegung liegt, gebunden sein. Sobald es nicht in unserer Willkühr liegt, denselben zu ver-
ändern oder uns von demselben zu entfernen, werden wir
doch wohl auch den Gebrauch der, unter der Bedingung
des Duldens uns verliehenen, Kräfte nicht nach unserer
Willkühr, sondern nach der Erreichung desjenigen Zieles
einzurichten haben, das bei der Feststellung jenes unab-
änderlichen Gebotes vorgeschwebt haben muss. Auch muss
die entschiedene Abweisung jeder Willkühr in der Ein-
richtung des menschlichen Lebens selbstverständlich Shak-

spere bei seinen Dichtungen als unabweisliches Gesetz
gedient haben. Denn hier ist es eben, worin der Grund
liegt zu der tiefsinnigen Harmonie, die wir in seinen
Werken bewundern. Nur ist es allerdings unmöglich, dass
er den Sinn und Zweck des menschlichen Lebens in einer
gänzlichen Stagnation der Thätigkeit gesehn haben könne.
Vielmehr würde eine solche Ansicht so widersinnig sein,
dass sie kaum der Beachtung, geschweige denn der Be-
richtigung werth und fähig wäre. Doch erscheint es fast
ebenso sinnverwirrend, auf diesem entscheidenden Punkte
Zweck und Mittel zu vermengen, und diess würde doch
offenbar geschehn, wenn man den Antrieb zur Thätigkeit
oder die Thätigkeit selbst als Grundprinzip der Moral
von Shakspere an die Spitze stellen und dabei übersehn
wollte, dass in der Versinnlichung von dem menschlichen
Triebe zur Thätigkeit und der Nothwendigkeit demselben
zu folgen, nur ein Mittelglied seiner Darstellungen liegt.

Gerade das ist bei dem Hamlet Shakspere's der Fall,
wogegen der Hamlet, von dem Gervinus hier spricht, nur
ihm und seiner missverständlichen Anschauung gehört.
Wenngleich Shakspere's Hamlet zu derjenigen That nicht
gelangt, die seiner Imagination als Zweck und Verpflichtung vorschwebt, so kann man doch nicht behaupten,
dass sein Verhängniss auf dem absoluten Nichtgebrauch
derjenigen Kräfte beruht, die ihm von der Natur verliehen
sind. Die Lebhaftigkeit, Tiefe und Mannichfaltigkeit seiner
Anschauungen und Betrachtungen legt vielmehr das bün-
digste Zeugniss ab von einer unglaublichen Thätigkeit.
Man wird doch, wenn man von Kräften redet, die uns
von der Natur anvertraut sind, die geistigen Kräfte nicht
ausschliessen wollen. Wenn Gervinus hier davon spricht,
Hamlets vielseitige Gaben seien nur eine unverbundene
Masse, weil der Instinkt der Thatkraft nicht hineinge-

schlagen ist, so könnte es fast scheinen, als komme es bei
diesem dunkeln Begriffe nur darauf an, dass die physischen
Kräfte bewegt würden, gleichviel, ob sie unter der Leitung
des. Geistes ständen. Doch aber spricht er von der be-
dächtigen Ueberlegung Hamlets und seiner reizbaren
Ueberspannung. Schon hieraus geht hervor, dass bei der
Betrachtung dieses Charackters sowohl, als bei der Aufstellung des ersten Vordersatzes zwei wesentliche Momente
völlig übersehn worden sind. Offenbar hätte dabei vor
allem Andern in's Auge gefasst werden müssen, dass die
Kräfte, die uns Gott verliehen hat, von sehr verschie-
dener Beschaffenheit sind und selbstverständlich nach entgegengesetzten Enden hinausdrängen. Bei der unläug-.
baren Nothwendigkeit des hieraus entstehenden Wider-
spruches und Kampfes tritt allerdings die unweigerliche
Forderung an uns heran, das Zeit und Ende zu wählen
auf dessen Erreichung wir unsere gesammten Kräfte richten
sollen. Das ist es muthmaasslich, worin G. den Beruf
zur Selbstbestimmung und Selbstlenkung erkannt. Aber
es ist nur von einem Schein die Rede, weil, wie in der
Folge erhellen wird, eine solche absolute Selbstbestimmung der Natur der Dinge nach unmöglich ist. Wie
mächtig die Unlösbarkeit des Räthsels auf dem von Gervinus eingeschlagenen Wege sich auf dem ersten Schritt
manifestirt, können wir schon aus folgendem Satze erkennen:

> *„Der Grübler, der den Gedanken und nicht die That*
> *zum Maasse der Dinge gemacht hat, ist dadurch*
> *mit den Leitsternen der Natur, mit Gewissen und*
> *Vernunft selbst in Zwietracht gerathen."* —

Es würde vergebliche Mühe sein, in dem Vordersatze
einen verständlichen Sinn zu entdecken. Wäre es indessen
erlaubt, an demselben nur eine kleine Emendation anzu-
bringen, so würde sich ein tiefer Sinn herausstellen, der

aber freilich weder die Billigung von Gervinus finden
möchte, noch so wie er ist, ohne vermittelnde Erklärung
auf Hamlet angewendet werden könnte. Setzen wir zum
Beispiel: Nicht der schwache Gedanke des Menschen,
sondern die That Gottes solle zum Maasse der Dinge
dienen, dann würde der Satz einige Bedeutung gewinnen.
Gewiss ist es mindestens und wir haben den Beweis vor
uns liegen: Sobald man diejenigen Thatsachen aus den
Augen setzt, die uns von der Offenbarung gelehrt werden,
Schöpfung, Sündenfall und Erlösung, und statt dessen nur
dem eigenen Gedanken folgt, dann muss man mit Gewissen
und Vernunft selbst in Zwietracht gerathen. Dem darf
ferner hinzugefügt werden, dass, gleichwie das Gesetz der
Duldung am Beginn und Schluss unserer Laufbahn steht,
das Gebot und Bedürfniss der Unterwerfung unter eine
nicht minder unabweisliche Nothwendigkeit an der Spitze
stehn müsse, wenn es sich um den Beruf handelt, den wir
durch und in unserem Leben mit thätigem Handeln erfüllen sollen. So wenig es möglich und denkbar ist, dass
die Lehre über dieses Gebot und unsere Unterwerfung
unter dasselbe in Shakspere's Dichtungen abgehandelt
werden konnte, so gewaltig und eindringlich ist doch die
Anwendung derselben, gleichwie in der Natur und dem
Leben, so auch in der Handlung seiner Stücke vor unseren
Augen ausgebreitet. Dass diess nicht in Lebensbildern
von gemächlicher oder leidender Ruhe geschehn konnte,
wer vermöchte darüber noch einen Zweifel zu haben?
Auch ist bei allen den Figuren, auf die uns Gervinus
verweist, wie Richard II., Timon von Athen, Hamlet und
Antonius des Dichters poetische Intention keineswegs darin
zu erkennen, dass er in Einerlei Sinn und Mittel
seine Ansicht von dem Vorzug der menschlichen
Natur äusserst sprechend habe niederlegen wollen.

Noch weniger kam es Shakspere darauf an, dass die
thatkräftigen Männer Fortinbras, Bolingbroke,
Alcibiades, Octavius die gegensätzlichen Rollen
gegen die verschiedenen Thatlosen spielen sollen.
Wir haben vielmehr bei allen zuerst genannten Lebensbildern ebenso wohl Handlungen, als bei den Letzten.
Der Gegensatz der thatkräftigen Männer gegen die verschiedenen Thatlosen ist in der Weise, wie es Gervinus
bemerken will, gar nicht vorhanden. Wohl aber mussten
die Einen, nicht wegen ihrer Unthätigkeit, wegen ihres
„Quietismus‟, wegen ihres „müssigen Wohllebens‟ oder
endlich wegen „sündhafter Vergeudung grosser und aus-
gezeichneter Kräfte‟, sondern deshalb unterliegen, weil
ihre Handlungsweise sich dem Verhängniss verband, wogegen die Andern, theils ausser dem verhängnissvollen
Kampfe stehend, theils demselben entweichend, dem Verderben entgingen. Dass es hierbei nicht auf eine höhere
sittliche Stellung der Letzteren, noch auf eine tiefere der
Ersten ankam, nicht auf das Abweisen des Instinktes der
Thatkraft oder auf das Nachgeben gegen denselben, sondern darauf, wie weit die eine oder die andere Handlungsweise mit der ewigen Ordnung der Dinge in Kampf und
Widerspruch trat, wird Jeder erkennen, der von dem
Sinn und der Bedeutung dessen, was tragisch genannt
werden kann, eine klare Anschauung gewonnen hat. Allerdings muss hierbei auch die Frage über die Selbstbestimmung zur Sprache kommen, doch nicht in der Weise,
wie es Gervinus will.

Er sucht seine Ansicht darüber p. 557. genauer fest-
zustellen, indem er sagt:

> *War der erste Eindruck den Shakspere aus der*
> *Betrachtung der Bewegungen des Lebens zog, die*
> *Ueberzeugung von unserer Verpflichtung, die ange-*

borne handelnde Kraft zu gebrauchen, so war die
zweite, wie wir andeuteten, die Einsicht der Noth-
wendigkeit, dass diese Kraft durch Vernunft und
Gewissen richtig gesteuert werden müsse.

Das Missliche die Verpflichtung zum Handeln von
der Frage über das Wie und Wozu zu trennen, musste
schon aus dem Bisherigen einleuchten. Die Verwirrung,
in welche der Verfasser dadurch mit seinen eigenen Aufstellungen kam, muss begreiflicher Weise hier noch ver-
mehrt werden, weil nach etwas gesucht und gestrebt wird,
was, mindestens auf diesem Wege, nicht gefunden und
erlangt werden kann. Am bedenklichsten erscheint es,
wenn man, wie Gervinus will, die innere Ueberzeugung
des Dichters aus dem Munde solcher Personen vernehmen
soll, die nach seiner eigenen Meinung für die verworfensten
zu halten sind. Was Jago im Othello und Edmund im
Lear aussprechen, kann zuweilen einen Wink darüber
enthalten, wie wir die Handlungsweise des Einen oder des
Anderen, ja selbst darüber, wie wir die ganze Begebenheit ansehn sollen. Doch eben deshalb, weil es nur ein
Fingerzeig ist, wird es als ein allgemein giltiger Sitten-
spruch nicht genommen werden dürfen und am Wenigsten
ein Beleg für Shakspere's sittliche Anschauung sein können.
Das allerdings ist gewiss, dass Shakspere zuweilen dem
Narren und Unklugen Wahrheiten in den Mund legt, die
der Kluge und Geistreiche übersieht. Doch gleichwie
diess in der Regel weniger um der ausgesprochenen Wahrheit willen als deshalb geschieht, um zu zeigen, wie sich
der menschliche Geist in seiner anmaassenden Schwäche
oft über das zunächst liegende verblendet, so mag es wohl
auch vorkommen, dass ein Jago oder Edmund eine Auffassung ausspricht, die in einem edleren Gemüthe zum
Anhalten für die Sittlichkeit dienen könnte. Diese Axiome

— denn für mehr als losgerissene, oft missverstandene Grundsätze können sie nicht gelten — sind sicher nicht dazu bestimmt, als Lehrstellen über Shakspere's sittliche Anschauungen zu dienen. Unter allen Umständen müsste darüber der Zusammenhang entscheiden, da sehr oft und fast in der Regel aus solchen Schlagwörtern sittlicher Klugheit die unsittlichsten Schlussfolgerungen gezogen werden. Wer könnte sich darüber täuschen, dass der bekannte Monolog Edmunds L. I. 2. „This is the excellent foppery of the world!" nicht dazu aufgestellt sei, um uns eine Einsicht zu gönnen in die Anschauungen Shakspere's über die Verblendung der Menschen in Bezug auf sittliche Freiheit. Wird hier mit Wahrheit ausgesprochen, wie thöricht es sei, wenn die Menschen ihre Schwächen und Laster auf den Einfluss der Gestirne schieben, so mag damit die Verstandesschärfe Edmunds, mit der er alle seine Umgebungen zu übersehn meint, bezeichnet werden sollen. Dass aber diese Klugheit sich der Verruchtheit zuwendet, dürfte mit gutem Rechte geradezu gegen die Aufstellung von Gervinus angezogen werden. Aus dieser verderblich angewendeten Auffassung einer an sich selbst unläugbaren Wahrheit lernen wir, dass eben in der aus der Vernunft abgeleiteten Selbstbestimmung das Entgegengesetzte eines sittlichen Anhaltes liegt.

Was aber soll man zu folgenden Worten sagen p. 557: *Die Sätze Jago's, nach denen uns die Vernunft gegeben ist, um Leidenschaft und Sinnlichkeit in uns im Zaume zu halten, sind ganz dieselben über den Gegensatz von Geist und Lust, die den Dichter persönlich in seinen Sonetten und beschreibenden Gedichten soviel und oft beschäftigen; die freie Selbstbestimmung gälte ihm für die auszeichnende Gabe unserer Gattung.*

Man weiss in der That kaum, ob man bei dieser Behauptung mehr über die Keckheit, mit der sie aufgestellt, oder über die Gedankenlosigkeit, aus der sie hervorgegangen ist, erstaunen soll. Die Verwunderung nimmt noch zu, wenn man p. 578 liest:

„Und nichts scheint Shakspere mehr entgegengesetzt, als die Figuren, in denen irgend eine Einseitigkeit vorsticht, ein Verstandesmensch wie Jago pp. pp.

Fast keiner der in dieser missverständlichen Weise aufgestellten Sätze, der nicht in einem späteren Satze seinen Widerspruch fände! Wäre die Behauptung auch nicht so grundlos, wie sie ist, und finden sich in der That in den Sonetten und beschreibenden Gedichten Stellen, die mit Auslassungen von Jago zusammenstimmen, so hätte doch nicht übersehn werden dürfen, dass, was der spitzfündige Sophist Jago jeden Falls dem Zusammenhange nach missverständlich anbringt und anwendet, in einem anderen Zusammenhange und unter anderen Beziehungen ausgesprochen, von ganz anderem Sinn und anderer Bedeutung sein müsse. Dazu kommt, dass die Zusammenstellung der Sonette mit den beschreibenden Gedichten zur gleichmässigen Bethätigung von Shakspere's persönlicher Gesinnung durchaus unstatthaft ist. In diesen mussten begreiflicher Weise Meinungsauslassungen vorkommen, die anderen entgegengesetzt sind. Die Neigung zur dramatischen Form, die sowohl in Venus und Adonis, als in Lucrezia unverkennbar ist, machte die Aufstellung von Antithesen unvermeidlich. Wenn daher, sei es auf der einen oder anderen Seite Anklänge an Meinungen, wie sie Jago in den Mund gelegt werden, in diesen vorkommen sollten, so würde nur mit der grössten Vorsicht darüber geurtheilt werden dürfen, ob sie mit der Gesinnung des Dichters übereinstimmen. In den Sonetten mag es mehr gestattet sein, den Ausdruck von des Dichters augenblicklicher Stimmung wiederzufinden. Nur wird auch bei einer solchen Betrachtung die Frage nicht aus den Augen zu verlieren sein, ob die Stimmung des Augenblicks ein gültiges Zeugniss von der durchaus maassgebenden Gesinnung und Ueberzeugung des Dichters ablege. Man hat im Allgemeinen bei der Beurtheilung der Sonette diesen Gesichtspunkt in der Regel zu wenig beachtet. Es fehlt in denselben nicht an Ausdrücken einer bittern Empfindung. Wie sehr aber würde man sich täuschen, wenn man aus der Wahrnehmung derselben auf eine herbe und scharfe Gemüthsart Shakspere's schliesen wollte. Dass trotz solcher Erscheinungen nicht diese, sondern vielmehr eine ungemeine Milde und Versöhnlichkeit das Vorherrschende in Shaksperes Charakter war, wird jeder fühlen und erkennen müssen, der diese Gedichte mit Unbefangenheit liest.

Schon hieraus sollte es einleuchten, wie undenkbar es ist, dass Anschauungen, die in den Sonetten ausgesprochen sind, mit solchen, die Jago in den Mund gelegt werden, von gleicher Bedeutung für Shaksperes sittliche Ueberzeugungen sein können. Dies wird um so unglaublicher, als die Treue und Innigkeit, mit der Shakspere durch alle seine Dichtungen hindurch die Anhänglichkeit an das Edelste im Menschen bewahrt, jeden Gedanken an entschiedene Widersprüche in seinen sittlichen Gesinnungen ausschliessen muss. Ein solcher Widerspruch würde uns aber vor Augen liegen, wenn er in eigener Person hier mit der reinsten Klarheit der edelsten sittlichen Anschauung aufträte. Von der Letzten mag hier nur ein Beispiel in dem 146. Sonet gegeben sein:

Du arme Seele, Kern vom sünd'gen Sein
Du Narr empörter Mächte, die dich schmücken,

Was darbest du, mit kostbar äusserm Schein
Dich malend, da dich innre Leiden drücken?
Willst du der morschen Hülle, der gegeben
Nur kurze Frist, so reichen Schatz verschwenden?
Und soll Gewürm von deinem Aufwand leben,
Des Treibens Erb'? Und soll dein Leib so enden?
Auf deines Dieners Kosten leb', o Seele.
Mach dass sein Leid dir deinen Schatz vermehre,
Geheiligte statt wüster Stunden wähle.
Nicht reich im Aeussern, nur dein Innres nähre,
   Den Tod verdirbst du so, der Welt Verderben,
   Und mit des Todes Tod hört auf das Sterben.

Wie sollte auch die Anschauung des Kritikers zu
einer grösseren Sicherheit und Klarheit über die Gesinnung des Dichters, den er erkennen will, gelangen, da seine
eigenen Gedanken in Widersprüchen umher irren. „Geist
und Gewissen sollen die Herrscher in dem Gemeinwesen unseres Inneren sein," so spricht er zu-
versichtlich aus, ohne zu beachten, dass der menschliche
Geist von Haus aus der Gegner des Gewissens ist; da
jener von Natur auf die Befriedigung seiner Wünsche
und Begierden, dieses hingegen auf die selbstverläugnende
Unterwerfung unter das göttliche Gebot dringen muss.
Und doch behauptet er mit Bezugnahme auf Schillers
Autorität, dass der Kampf zwischen Freiheit und
Naturdrang und das Streben nach dessen Ausgleichung das höchste sei, was den Menschen be-
wege. Wo ist diese Ausgleichung zu suchen, und wo
mag sie Shakspere finden, indem er uns allerdings den
unvermeidlichen Kampf im Innern des Menschen schildert?
Es ist begreiflich, dass wir die Beantwortung dieser Frage
zunächst mit der grössten Begierde erwarten. Doch wie
sehr fühlen wir uns getäuscht, indem wir auf Sympa-

thien des Dichters mit diesen oder jenen Charak-
terformen verwiesen werden. Auch hier müssen wir es
uns gefallen lassen, Aufstellungen zu begegnen, die mit
dem geistig-sittlichen Wesen des Menschen nicht in Einklang stehn, und begreiflicher Weise nicht im Entferntesten zutreffend sind in Bezug auf die sittlichen Anschauungen des grössten Kenners vom menschlichen Herzen.
Ihn reizt die schöne Natur der weiblichen Seele,
der das Sittliche angeboren ist, in der jene gegnerischen Kräfte streitlos geeinigt sind, so lesen
wir (p. 558).

So sollten wir uns also denken, dass die Hälfte des
Menschengeschlechtes von jenem Drang und Streben, das
uns eben erst als das Höchste im Menschen bezeichnet
worden ist, völlig ausgeschlossen sei? Wir könnten hier
geltend machen, was in der Geschichte der Heiligen
Schrift dieser kühnen Behauptung schnurstracks widerspricht. Der tiefe Sinn, der in Eva's erstem Schritte zum
Sündenfalle liegt, die wiederholten Beispiele von sittlicher
Schwäche und von einer Verworfenheit, die selbst die
sittlichen Uebergriffe von Männern überbietet, könnten
unserm Zwecke in dieser Hinsicht genügen. Sollte es
aber der Neigung des Kritikers widerstreben, auf die in
der Heiligen Schrift aufgeführten Frauenbilder einen Blick
zu werfen, so würden ihm genügende Anschauungen aus
der antiken Sage und Geschichte zu Gebote stehn, um
sich von der Unhaltbarkeit seiner Aufstellung zu überzeugen. Wie sollte eine Klytemnestra, eine Elektra, eine
Jokaste und endlich eine Medea denkbar sein, wenn jener
Satz wahr wäre? Oder hätten auch diese Sagen und hätten
die deutschen Mythen von Brunhilde und Kriemhilde ge-
logen, wie käme es dann, dass wir in der alten, wie in
der mittelalterlichen und neueren Geschichte den Beispielen

von Frauen, denen das Sittliche unmöglich angeboren sein konnte, und in denen jene gegnerischen Kräfte nicht streitlos geeinigt waren, fast auf jedem Schritte begegnen? Dort eine Semiramis und Tomiris, hier die fränkische Fredegunde und Brunhilde, und endlich in der neuern Welt viele Frauen, die bei den blutigsten und unsittlichsten Verwirrungen die ersten Rollen spielen. Es ist kaum der Mühe werth, darüber ein Wort zu verlieren, dass Shakspere über die Frauen eine andere Anschauung gar nicht haben konnte, als ihm die Heilige Schrift, die alte und moderne Geschichte und die eigene Erfahrung an die Hand gaben.

Denn wir brauchen nur wenige seiner Frauenbilder auf gut Glück herauszugreifen, um uns davon zu überzeugen. Grausamkeit und Unsitte springen bei Regan, Goneril und der Königin Margaretha zu schlagend in die Augen, um wenigstens diese Gestalten von jener Bezeichnung auszunehmen. Aber der Kampf zwischen Freiheit und Naturdrang, so ungenügend auch diese Bezeichnung des im Inneren des Menschen begründeten Widerstreites ist, würde mit einiger Aufmerksamkeit und Einsicht auch in den lichtvollsten und zumeist gepriesenen weiblichen Gestalten Shaksperischer Dichtungen zu entdecken sein. Welchen Werth könnte in tragischer Beziehung eine Julie, eine Cordelia, eine Desdemona und Ophelia haben, wenn dieser Widerstreit nicht auch in ihnen läge? Selbst wenn wir uns nach den glänzenden Figuren der Lustspiele wenden, müssen wir ihn bemerken. Olivia und Viola, Rosalinde und Celia, Beatrice und Hero sind keine wesenlosen Geschöpfe, die von den allgemeinsten Bedingungen der seelischen Natur des gesammten Menschengeschlechtes entbunden wären. Ja sogar die edelsten Gestalten, die wir nennen können, Porzia und Imogen sind voller Lebensblut und Wahrheit und eine gegen alle Natur und Wahrheit streitende Aufstellung kann auch auf sie nicht Anwendung finden.

Was aber konnte den eifrigen Kritiker nur zu derselben vermögen? Die Antwort liegt im nächsten Satze, wo den Frauen nur eine instinktive Tugend zugesprochen wird, und später folgt die Auslassung:

„*Aber in höherem Werthe stand Shakspere die grundsätzliche Tugend, die sich mit Bewusstsein alle Lebenszwecke setzt.*"

Dieser Gegensatz ist fast erschreckend in seiner sinnverwirrenden Hohlheit und Bedeutungslosigkeit. Warum können wir doch nicht von einer Tugend bei Thieren sprechen? Nimmt die Erfahrung und Lehre über das Leben und Wesen der Seele an, der wesentlichste Unterschied zwischen der thierischen Seele und der menschlichen liege in dem dunkeln Naturtriebe, den wir Instinkt nennen, und in dem klaren Selbstbewusstsein, das wir richtiger Gottesbewusstsein nennen sollten, so scheint es schon von Haus aus unthunlich, das eine oder das andere Unterscheidungszeichen nach Gutdünken hier oder dorthin zu vertheilen. Mindestens darf es für eine unangemessene Geringschätzung, ja selbst für eine Herabwürdigung des Menschen angesehn werden, wenn man ihm nicht mehr als Instinkt zuspricht. Selbst die Verwechselung der geistigen Anlage im Menschen mit einem dunkeln Naturtriebe, wie er nur dem Thiere zukommt, wird kaum erlaubt scheinen. Weit mehr aber sollte sich jeder, der Anspruch darauf macht, seelische Zustände und Anschauungen der Menschen mit erschöpfendem Urtheil betrachtet zu haben, davor hüten, den Begriff oder die Bedeutung des thierischen Naturtriebes mit dem der Tugend in Verbindung zu bringen. Was man auch unter dem Worte

Tugend sich denken möge, so wird es doch unmöglich sein, demselben einen gewissen Sinn beizulegen, ohne die erste Bedingung des Begriffes in dem klaren Selbstbewusstsein zu erkennen. Jedenfalls muss es mindestens ebenso verwunderlich scheinen, den Frauen einen Tugendtrieb oder eine Tugendübung zuzusprechen, die sie kaum über das Thierische erheben würde, als es selbst der geringsten Einsicht in Shakspere's Wesen und poetischen Geist entschieden widerstreben würde, anzunehmen, dass ihn eine solche Eigenschaft der weiblichen Seele habe reizen können.

Das beschwerende Missverständniss springt noch mehr in die Augen, wenn man die Verwirrung betrachtet, in welche sich der Verfasser in einem der nächsten Sätze verwickelt:

So hat für den Dichter auch die instinktive Tugend der Söhne Cymbeline's ihren Reiz, aber wie sie selber so strebt Shakspere hinweg aus dem Naturstand, der kein Laster kennt, wie aus dem entgegengesetzten Zustand des dauernden Sündenfalls.

Könnte es überhaupt eine instinktive Tugend geben und wäre es wahr, dass der Naturstand kein Laster kennt, so würde es weit näher liegen, dass der Naturtrieb, den Gervinus mit jenem mysteriösen Ausdruck bezeichnet, dem Naturstande zustreben müsse.

Nur so viel ist klar, dass mit solchen Auslassungen weder die Entscheidung der Frage gefördert wird, auf welchem Grunde sich die von Gervinus angepriesene Selbstbestimmung und Selbstdenkung aufbauen und genügende Stütze finden solle, noch der Einsicht in Shakspere's sittliche Anschauungen irgendwie Nutzen geschafft werden kann. Man fühlt diesen Mangel mit doppelter Schwere, indem man liest p. 559.

*Aus den Sätzen von den thätigen und steuernden
Kräften in uns, entwickelt sich von selbst die grosse
Wahrheit, dass wenn Thätigkeit und Handeln allein
dem Leben Stärke und Fülle giebt, das Maass allein
den Reiz und die dauernde Frucht hinzuzugeben
vermag.*

Denn bisher ist zwar von Kräften, die im Menschen
thätig sind, nicht aber von solchen die Rede gewesen,
die nur einiger Maassen im Stande wären, diese Thätigkeit zu steuern.

Was wir von Selbstbestimmung und Selbstlenkung,
von instinktiver und grundsätzlicher Tugend gelesen haben,
bezog sich auf das Ziel, nach welchem der Mensch in
seiner Thätigkeit zu streben habe, wogegen die Kräfte,
die ihn nach diesem Ziele steuern könnten und sollten,
nicht genannt noch nachgewiesen wurden. Nicht viel
besser ist es mit der grossen Wahrheit über den Reiz und
die fruchtbringende Kraft des Maasses. Wir vermissen
schmerzlich die Antwort auf die Frage, wo dieses Maass
zu finden sei? Sie wird weder damit gegeben, dass behauptet wird, Shakspere lehre Energie im Maasse, noch
in den Worten: **Er sieht das Gute nicht auf einer
Steile und nicht im Abgrund, sondern auf dem
ebenen Weg durch's Leben.** Auch die Belehrung,
**dass Aristoteles und Bacon die Tugend in der
Mitte gesucht haben** (p. 560) oder dass, wie **Aristoteles versinnliche, die Tugend eine Mitte sei,**
(p. 563) können diesem Bedürfnisse nicht genügen. Denn
wir müssen immer wieder fragen, wo und auf welchem
Wege ist diese Mitte von uns zu erkennen, und wo liegt
der Standpunkt, auf welchem Shakspere diese Mitte —
wenn es sich überhaupt darum handelt — gefunden habe?
Die Beispiele, welche aufgeführt werden, York nach der

einen, Posthumus nach der anderen Seite hin, oder der
fünfte Heinrich hier und Timon von Athen dort können
uns schon deshalb nichts nützen, weil sie nur von einer
Seite aufgefasst sind; ein neuer Beitrag zu der Betrachtung,
dass sich Gervinus vorzugsweise deshalb von dem Verständniss Shakspere's entfernt, weil er in der Ausführung
der Charaktere den Zweck der Dichtungen Shakspere's
sucht, während sie nur Mittel zum Zwecke, d. h. zur
Darstellung der Begebenheit und Handlung sind. Missverständlich und deshalb für die Unterstützung der aufgestellten Behauptungen nutzlos ist es ferner, wenn er uns
lehrt, dass Shakspere selbst den christlichen Gesetzen, die der menschlichen Natur eine Ueberspannung anmuthen, entgegen zu reden wage. Es
ist im höchsten Grade zu missbilligen, dass er für diese
kühne Behauptung keine Belege beibringt. Sicher würde
aus denselben genauer hervorgehn, wo sein Missverständniss
liegt. Denn dass die Behauptung nur auf einem solchen
beruhen könne, wird nicht zweifelhaft sein, sobald man
die unumstössliche Wahrheit festhält, dass es überhaupt
keine christlichen Gesetze giebt, die der menschlichen Natur
eine Ueberspannung zumutheten. Wohl aber liegt es in
der Schwäche der menschlichen Natur, dass ihr die höchsten Forderungen der christlichen Lehre oft unausführbar
scheinen. Denn ein gänzliches Aufgehn in denselben ist
es in der That, was die höchste Anspannung der menschlichen Natur, nicht aber eine Ueberspannung derselben
zur ersten Bedingung macht. Hier liegt die Grenze und
Unterscheidungslinie vor uns, auf welcher sich die Begeisterung von dem Fanatismus trennt. Jene beruht auf
der höchsten Spannung, dieser auf der Ueberspannung des
Geistes. Auf diesem Wege liegen die masslosesten Ver-
irrungen und Missverständnisse, auf jenem das Erfassen

der höchsten Wahrheiten; und gleichwie das Zeitalter der
Blutzeugen unseres Glaubens — die unerlässliche Bedingung zum Sieg der christlichen Religion — von der höchsten Begeisterung für das Christenthum bezeichnet war,
so ist es das überspannte Missverständniss christlicher
Lehren, woraus der Fanatismus mit seinen Uebertreibungen
und mit seiner Verfolgungswuth emporwächst.

Wie sehr die Zeit von Shakspere gerade an überspannten Missverständnissen dieser Art litt, liegt jedem
vor Augen, der die englische Geschichte kennt. Die Keime
der Verfolgungswuth, durch welche das ganze Gemeinwesen in eine blutige und grausame Revolution gestürzt
wurde, lagen schon in der Zeit der Königin Elisabeth.
Gegen eine solche Ueberspannung musste sich Shakspere
allerdings aussprechen, und dass er es wiederholt gethan
hat, ist ein neuer Beweis für seine tiefe Einsicht in den
wahren Geist des Christenthums. Denn das braucht wohl
nicht noch hinzugefügt zu werden, dass gerade ihm das
Unchristliche in der Ueberspannung im Gegensatz zu
derjenigen Anspannung aller geistigen Kräfte, die das
Christenthum gebietet und voraussetzt, am Klarsten einleuchten musste.

Wir lernen hieraus zugleich, wie wenig eine sittliche
Anschauung überhaupt und vorzugsweise die, welche wir
in Shakspere zu erkennen bestrebt sind, durch die nüchterne Hinweisung auf den Mittelweg oder „die Energie
im Maasse" gefördert werden kann. Allerdings liegt das
Gute, sobald wir es im christlichen Sinne erfassen, im
Gegensatz zu der Ansicht von Gervinus, auf einer Steile
und nicht auf dem ebenen Wege des Lebens. Anspannung
und Ueberspannung, Irrthum und Verständniss, Begeisterung und Fanatismus berühren sich in ihren Ausgangs-
punkten oft so genau, dass in diesem Sinne der Schein

entstehn kann, ob als im Guten zu viel gethan werden
und als ob es eine „übertriebene Tugend" geben
könne. Wenn Gervinus (p. 562) eine solche in Angelo
(„Maass für Maass") zu erkennen meint, so beweist dieses
fast unglaubliche Missverständniss, wie wenig die von ihm
aufgestellten Grundsätze und Meinungen für ein unbe-
fangenes Urtheil über sittliche Anschauungen, geschweige
denn über die von Shakspere hinreichen können. Sollten
wir in Angelo eine „übertriebene Tugend" erkennen, so
müssten wir es für tugendhaft halten, dass er gegen Claudio ein an sich selbst zu hartes Gesetz mit unerbittlicher
Strenge geltend machen will. Aber Unerbittlichkeit gegen
einen Menschen, der einem Laster und der gegen dasselbe
aufgestellten Strafe verfallen ist, kann überhaupt noch
nicht für Tugend gelten. Vielmehr neigt eine solche Gesinnung zu derjenigen sittlichen Schwäche hin, der Viele
unterliegen, indem sie den Ruhm der Sittlichkeit in eine
überspannte Abneigung gegen den Unsittlichen setzen und
in dieser Hinsicht zuweilen selbst dem Fanatismus Preis
gegeben werden. Dazu kommt noch der wesentliche Umstand, dass Angelo gegen das Verbrechen, das er in
Claudio unweigerlich mit dem Tode bestrafen will, nichts
weniger als eine unerschütterliche Strenge ausübt. In
demselben Augenblicke, wo er Claudio zum Tode ver-
urtheilt, weil er sich in der Liebe vergessen hat, schweift
dasselbe Verbrechen in einer weit verworfeneren Gestalt
auf offener Strasse herum. Der völlig sittenlose, in den
Schmutz der Sinnlichkeit und Lüge versunkene Lucio ist
sogar mit feiner Ironie dazu benutzt, um die Fürbitte für
den Verurtheilten zu vermitteln, und wiewohl Angelo ihn
und seine lüderliche Rotte kennt, lässt er ihn ungestraft
vor sich erscheinen, während er sich damit begnügt hat,
einige lüderliche Häuser in der Stadt aufzuheben und in

die Vorstadt zu verweisen. Warum dreht er denn der
Untersuchung den Rücken und überlässt sie dem sanfteren
und unzweifelhaft tugendhafteren Eskalus, als der kupple-
rische Clown von dem ungeschickten Constable Elbow vor
ihn gebracht wird. Es ist ja handgreiflich, dass er nicht
einmal für einen gerechten und vorwurfsfreien Richter
gelten soll. Im Uebrigen aber, ihm mehr als den ange-
maassten Schein einer überspannten, also missverständlichen Sittlichkeit zuzutrauen, wird kaum Jemandem bei-
kommen können, der das Stück nur mit einiger Aufmerksamkeit gelesen hat. Endlich ist nicht zu übersehn, wie
gröblich dieser Gedanke einer „übertriebenen Tugend"
den von Gervinus selbst der Tugend im Allgemeinen zu-
gesprochenen Attributen widerspricht. Wäre die Tugend,
wie wir belehrt worden sind, eine Mitte, so müsste sie ja
sofort aufhören zu sein, sobald sie die Mitte verlässt und
in die Uebertreibung fällt.

Alle Beispiele, welche Gervinus zum Nachweis darüber
anführt, dass Shakspere wiederholt vor dem Maasslosen
warne und dass daher im Maasse allein „der Reiz und
die dauernde Frucht" ruhe, laufen auf ähnliche Missverständnisse hinaus. Nicht die Uebertreibung ist der
Grund, warum Begeisterung in Fanatismus und Leidenschaft umschlagen, sondern der mangelhafte und missver-
ständliche Boden, auf dem die Begeisterung aufwuchs.
Sei ihr Gegenstand auch noch so edel und erhaben, so
wird sie dennoch zur vernichtenden Leidenschaft umschlagen, wenn ihr diejenige sittlich religiöse Grundlage
fehlt, die vor ihrer inneren Verderbniss allein Schutz ge-
währen kann.

Wäre uns hier der Raum vergönnt, so würde es nicht
schwer fallen, gerade diese Behauptung an Hamlet, Coriolan,
Angelo, Antonius und Romeo, in denen Gervinus nur eine

Warnung gegen das Maasslose zu erkennen meint, im Sinne Shakspere's vollständig nachzuweisen und zu rechtfertigen. Immer wieder läuft der Irrthum darauf hinaus, dass in den einzelnen Charakteren ein Effeckt gesucht wird, der nur dem Ganzen zukommen soll. Die Mittel werden mit dem Zwecke und die Ursachen mit den Wirkungen verwechselt.

Der Verfasser war auf richtigerem Wege um zur Klarheit zu kommen, indem er p. 559 aussprach: „So natürlich es den alten Tragikern war, wenn sie auf den Vorstellungen von dem Neide der Götter wurzelnd, der sich gegen das hochgethürmte Glück der Menschen rüstet, den Mittelstand und ein mässiges Glück anpriesen, so natürlich war es Shakspere, da er in seinen Tragödien überall mit den Folgen der überwachsenen Leidenschaft zu thun hat, das sittliche Maass und die mittlere Lage und Stimmung der Seele als das Glücklichste zu preisen." Mit einer richtigeren Auffassung dieser Wahrnehmung würde sofort die oben schon besprochene Irrlehre vom Drange zur Thätigkeit eingeleuchtet haben. Nicht dieser, sondern der Drang nach einem über der natürlichen Einsicht des Menschen liegenden Ziele hätte zuerst in's Auge gefasst werden sollen. Es würde dabei anschaulich geworden sein, dass selbst bei den Alten dieses Ziel nicht mit dem hier auf Erden zu findenden Glücke abgeschlossen war. Den Göttern gleich zu werden, ihrer Machtvollkommenheit und ihrer Befähigung und Berechtigung zur Leitung der Schicksale sich gleichzustellen, das ist im Grunde der innerste Kern der Motive von den tragischen Helden des Alterthums.

Wenngleich die unerschütterliche Kraft, an welcher sich eine solche Bestrebung brechen musste, bald als Neid, bald als Zorn der Götter, bald als grausame Nothwendigkeit, — fatum, μοῖρα, ἀνάγκη, — angesprochen wird, so lag dennoch das Herausfordern derselben in dem Hinausgreifen des Einzelnen über die Grenzen des Menschlichen oder Endlichen, und das Motiv zu diesem übergreifenden Streben war nicht der gemeine Trieb zur Thätigkeit oder Bewegung, sondern der Drang nach der Erreichung jenes über ihrer natürlichen Befähigung stehenden Zieles. Von Göttern geboren oder mit den Göttern durch Abstammung und besondere Gunst in enger Verbindung stehend, so werden alle die grossen Helden und ihre Geschlechter geschildert, welche in der antiken Tragödie dem Verhängniss erliegen. Das war der Ausgangspunkt und zugleich die Bedingung des Strebens nach einem unerreichbaren Ziele. Die Unerreichbarkeit des Zieles aber lag in der Schwäche und Hinfälligkeit der Menschen, die je edler und erhabener jener Ausgangspunkt gestellt war, desto gefährlicher, vernichtender und verhängnissvoller, mit einem Worte. desto tragischer in doppelter Hinsicht werden musste. Von der einen Seite musste in der bevorzugten Stellung, sei sie von göttlicher Abstammung oder sonst einer besondern göttlichen Gunst bedingt, die Ahnung oder die trügerische Hoffnung auf Gleichstellung mit den Göttern oder Ueberhebung über ihren Willen ihren Grund finden. Auf der anderen Seite musste mit der das Gewöhnliche überragenden Befähigung der Kampf gegen die Nothwendigkeit um so brennender werden und die Verwirrung der seelischen Kräfte in der Leidenschaft um so grösser erscheinen. Denn dass es sich in der antiken, wie in der modernen Tragödie um innere Leidenschaften sowohl als leidenschaftlich bewegte Zustände handeln muss, bedarf keines weitern Nachweises. Als Gegensatz gegen einen solchen Kampf war freilich das Maass in den sittlichen

und seelischen Bewegungen als Schutz gegen Verwirrung
und Leidenschaft aufzustellen. Doch wo und wie diese
Lehre des Maasshaltens in der antiken Tragödie ausgesprochen wird, geschieht 'es allemal in mittelbarer oder
unmittelbarer Beziehung auf die Unterwerfung unter den
Willen der Götter. Die Hinweisung auf eine nüchterne
oder gar eine that- und bedeutungslose Mittelstrasse, die
durch eine in dem Innern des Menschen liegende Lehre
über Maass und Ziel gefunden werden könnte, wenn sie
auch bezeichendlich vorkommen kann, ist für diejenige sittliche Anschauung, die dem Drama und vorzugsweise der
Tragödie entnommen werden soll, an sich selbst eben so
bedeutungslos als die Hinweisung auf eine nur . in der
Mitte, oder auf der ebenen Bahn des Lebens liegende
Tugend. Wie sehr auch diese nur beziehungsweise zu
verstehn sei, deutet zwar Gervinus an, aber seine Lehren
müssen für die antike sowohl als die Shaksper'sche Tragödie dunkel, unsicher und sinnverwirrend bleiben, so
lange er das, was der menschlichen Seele nur durch eine
über ihr stehende Macht zugehn kann, in der menschlichen
Seele selbst sucht.

Wenn die Griechen, eine Nationalität, die in der Freiheit und Ausbildungsfähigkeit ihres seelischen Organismus,
mindestens im Alterthum, nicht ihres Gleichen hat, das
Ziel und Maass ihrer Handlungsweise nicht in ihrem Innern finden konnten, sondern zu diesem Ende unablässig
auf den höheren Willen der Götter hinwiesen, wenn sie
in diesem Gefühl die Orakel befragten, an ihre begabten
Seher sich wandten, um die Lösung des Räthsels, die
ihnen ihre innere Stimme versagte, in tiefsinnigen oft dunkeln Aussprüchen zu gewinnen, kurz, wenn schon diese
begabten Heiden das Bedürfniss einer unmittelbaren Offenbarung nicht abweisen konnten, wie sollten und könnten

wir, denen dieses Bedürfniss befriedigt ist, nach einer
Offenbarung in uns selbst suchen wollen. Will man daher Shakspere den alten Tragikern nur einigermassen gleich
stellen — und ich glaube nicht, dass Gervinus auf ihn
eine geringere Schätzung anwenden will — so ist es unumgänglich nothwendig, das Maas, das die Handlungen
der Menschen leiten soll, nicht in Lehren von rechtlichen
Mitteln, nicht in warnenden Situationen und Charakteren,
die maselos erscheinen, zu suchen, sondern in einem über
der menschlichen Willkühr und Bestimmung stehenden
Gebote; wir werden ferner erkennen müssen, dass die auf-
gezählten Lebensbilder nicht darum blos zu Grunde gehen,
weil sie in ihrer Thätigkeit nicht Maass hielten, sondern
dass sie durch hohe und ausgezeichnete Begabung und
und Befähigung in einen heftigeren Kampf zwischen
den nach dem Endlichen und den nach dem Unendlichen gerichteten Kräften verfallen mussten, als unter-
geordnetere Individuen und dass, während in diesem
Kampfe an die Stelle des Gottesbewusstseins die Leidenschaft trat, nach den ewigen Gesetzen der Natur
und Weltordnung ihr Untergang unvermeidlich wurde.
Der Moment, wo es sich für sie um ein Maasshalten, um
eine Selbstlenkung nach demjenigen Ziele, wo ihr Glück
und ihre Rettung vom Untergange lag, noch handeln
konnte, musste daher mit dem Hingeben an die selbst-
bestimmende Leidenschaft schon vorüber sein. Das passt
auf alle tragischen Charakteren, die uns Shakspere vorführt. Nur ist noch Eins hinzuzufügen, wodurch seine
Charakterschilderung, ja sogar seine ganze Darstellungs-
weise sich von der der antiken Tragödie unterscheiden
musste. Dort war es in dem Wesen derselben, sowie in
den religiösen Anschauungen der Zeit nothwendig bedingt,
dass auf die höchste unerbittliche Gewalt, der die Rache

und Vergeltung zustand, gewissermassen zur Verherrlichung
derselben, immerwährend hingewiesen wurde; denn die
Bühne diente der Verehrung ihrer Götter. Es war ferner
unvermeidlich, dass die Versöhnung jener Gewalt dem
Willen und den Kräften der Sterblichen mehr entrückt
schien, ja fast als unmöglich geschildert wurde. Denn die
Griechen kannten eben eine andere höchste Lenkung der
gesammten Welt nicht, als jene unerbittliche Nothwendigkeit, der selbst die, von menschlichen Leidenschaften bewegten, Götter unterworfen waren. Die Begriffe von der
Freiheit, die nur aus der Annahme der uns dargebotenen
Erlösung abzuleiten sind, konnten ihnen nicht fasslich sein,
wenngleich auf dem tiefsten Grunde ihrer Götterlehre, namentlich in der Verehrung der Orakel eine dunkle Ahnung
lag von einer Alles lösenden unmittelbaren göttlichen Offenbarung; wir dürfen hinzusetzen, wenngleich nach einer
Versöhnung in dieser unmittelbaren Offenbarung das ganze
Alterthum mit dunkler unbewusster Sehnsucht hinblickte.
Denn das ist es vorzugsweise, was uns in den grössten
tragischen Dichtungen des Alterthums so tief erschüttert,
dass auch diese von einer solchen ahnenden Sehnsucht viel-
fach durchzittert sind.

In einer Zeit hingegen, wo Christenthum und christliche Lehre den Boden für sittliche Anschauung bildete
— und das wird doch zu Shakspere's Zeit der Fall gewesen sein — konnten und durften, wie schon wiederholt
bemerkt worden ist, im geraden Gegensatz zu der griechischen Bühne, die Lehre und die aus ihr zu entnehmenden Glaubenssätze nicht auf der Bühne hervorgehoben
oder gepredigt werden. Wie sehr dies sogar in den alten
Mysteries, in den Moral- und Mirakel-Play's, die doch
eigens zur Verherrlichung der Religion bestimmt waren,
schon anstössig wurde, bedarf keiner erneuten Erinnerung

Um so dringender und unabweislicher musste es sein, und
war es auch in der That, dass die Ausführung der auf
der Bühne darzustellenden Handlungen und Begebenheiten
nicht auf Meinungen, Ansichten und Grundsätze, die nur
philosophischen Anschauungen entnommen waren, sondern
auf solche, die den allgemein anerkannten christlichen Grundsätzen entsprachen, gebaut wurden. Unter diesen steht
die Ueberzeugung von der menschlichen Freiheit, bedingt
in der Annahme der aus der Offenbarung hervorgehenden
Zusagen, obenan. Diese, von einer finstern Prädestinations-
lehre weitabliegende, Ueberzeugung von einer bis zum
Ende des menschlichen Lebens niemals aufhörenden Freiheit ist es auch, was in Shakspere's Dichtungen den Kern
der Poesie bildet. Nicht genug, dass, wie früher schon
bemerkt worden ist, jede Willkühr in der Anordnung der
Begebenheiten von Shakspere vermieden wird. Er hat
auch darauf die grösste Sorgfalt verwendet, dass allen den
Lebensfiguren, die auf dem Wege ihres tragischen Schick-
sals dem Untergange geweiht sind, bis zu dem letzten
Moment eine bedingte Willensfreiheit unverkürzt gehört.
Keine seiner tragischen Figuren ist bis zu ihrem Ende
vom Schicksal, Zufall oder von der Intrigue dergestalt
verstrickt, dass ihr keine Rettung mehr bliebe. Selbst in
den Stücken, wo er mit der Gewalt des Verhängnisses am
freiesten umgeht oder wo er eine absichtlich angesponnene
Intrigue in den Vordergrund schiebt, bleibt bis zu dem
letzten Moment, wo die völlige Verdunkelung des Gemüths den tragischen Untergang entscheidet, der Schein
des Rettungslichtes noch übrig. Jenes ist am auffallend-
sten im Macbeth. Der Vollzug des furchtbaren Verbrechens
bleibt bis auf den letzten Moment, wo Macbeth von einem
Geräusch erschreckt, noch ein Mal aus der Schlafstube
Dunkans heraustritt, zweifelhaft, und ist er und die Lady

endlich in den furchtbaren Abgrund des Verbrechens gestürzt, so hört dennoch das Licht der Gnade und Barmherzigkeit nicht auf zu scheinen. Theoretische Beweise
hier zu suchen würde müssig scheinen, da der furchtbare
Kampf zwischen dem beharrenden Trotze und der Sehnsucht nach Reue, wovon in der nachfolgenden Handlung
unser Herz erschüttert wird, ohne jenen Vordersatz bedeutungslos oder mindestens nicht tragisch sein würde.

Mit der Intrigue dagegen spielt Shakspere meisterhaft
in seinem Othello. Wer wäre nicht auf Augenblicke darüber getäuscht worden, dass die tückischen Einflüsterungen
Jago's die alleinige Veranlassung zu Othello's Fall sein
sollen? Und doch ist die Handlung so tiefsinnig angelegt,
bis in die kleinsten Details so kunstvoll, fein und erschöpfend ausgeführt, dass bei einer aufmerksameren Betrachtung und bei dem willigen Hingeben an die Leitung
des Dichters die Freiheit Othello's nicht allein nirgends
verletzt ist, sondern auch bis auf den letzten Moment
sorgfältig bewahrt erscheint. Ein Augenblick der Besin-
nung, ja fast eine andere Bewegung des physischen Auges,
besonders in der entscheidenden Szene, wo Othello das
Gespräch zwischen Jago und Cassio belauscht, würde ihn
über den Betrug enttäuscht haben; und dann, als schon
Alles beschlossen war, wozu denn die rührenden und gerade, wegen ihrer Zartheit so tief einschneidenden Worte
Othello's über die süsse Stimme Desdemona's, wenn sie
uns nicht andeuten sollten, noch ist der Faden nicht zerrissen, den Othello's freier Wille ergreifen könnte, um sich
vom Untergange zu retten?

Was aber ist es, so dürfen wir fragen, was die per-
sönliche Freiheit der von Shakspere aufgestellten tragischen
Helden dergestalt in Fesseln legt, dass sie die rettende
Hand nicht ergreifen können und dem Untergange ver-

fallen müssen? Sollte es darin liegen, dass ihnen die natürliche Begabung der Selbstbestimmung und Selbstlenkung verloren gegangen war, oder dass sie in dem angebornen Drange nach Thätigkeit das in ihrem natürlichen Willen liegende Maass nicht gehalten hätten?. Ich meine vielmehr: Derjenige Drang nach Selbstbestimmung und Selbstlenkung, der von Natur in jedem Menschen lebt, hatte die höchste Herrschaft erlangt. Er ist aber nicht, wie gewähnt wird, auf die Erreichung des der menschlichen Existenz gesteckten Zieles, sondern nach dem Endlichen gerichtet und muss daher, indem er in seiner eingebildeten Freiheit sich mit dem Unendlichen in gewaltsamen Widerspruch stellt, die individuelle Freiheit, die nur in der Annahme des angebotenen göttlichen Berufes ruht, von vornherein vernichten. Es kann hier nicht auf die Ausführung der Doctrin von dem Gegensatz des natürlichen Menschen gegen den im Glauben gerechtfertigten Menschen ankommen, und dennoch ist es unumgänglich nöthig, dass wir bei Dichtungen, die einer christlichen Zeit angehören, die vor den Augen einer christlichen Welt alle Verwicklungen und Räthsel des menschlichen Lebens berühren und mit erschöpfender Tiefe beleuchten, an den Sinn derselben immer wieder denken; oder wir müssten für immer darauf verzichten, Shakspere mit den grossen Dichtern des Alterthums nur annähernd vergleichen zu wollen. Denn wo sollten wir einen Vergleichungspunkt zwischen Beiden finden, indem wir genöthigt wären, diesen den Ruhm zuzusprechen, dass sie nicht allein alle diejenigen Saiten berührten, die in der Allgemeinheit der Gemüther damaliger Zeit wiederklangen, sondern selbst bis in das Gebiet der tiefsten und fast bewusstlosen Ahnungen im Bereiche religiöser Empfindungen hinausgriffen, und dagegen an Shakspere nicht mehr rühmen dürften, als dass er in sittlich religiöser Beziehung nur seinen aus kalter Ueberlegung entlehnten Meinungen gefolgt sei, ohne von den seine Welt und seine Zeit bewegenden Anschauungen in dieser Hinsicht durchdrungen zu sein, ohne dieselben im Bereich seiner poetischen Schöpfungen zu berücksichtigen. Es ist vielleicht nicht ohne tiefer liegende Absicht, dass uns Gervinus an vielen Stellen die philosophischen Anschauungen und Meinungen von Lord Bacon anführt. Mindestens liegt die Vermuthung nahe, er wolle uns darüber Winke geben, dass unter den erleuchtetesten Zeitgenossen Shakspere's ähnliche Meinungen philosophisch-rationalistischer Färbung, wie er sie in dem Dichter zu erkennen meint, im Schwange gewesen wären. Doch ist auf diese Anführungen schon von Haus aus eine in der Einleitung gemachte Bemerkung anwendbar; da sie jedes Nachweises über ihre Quelle entbehren, sind sie durch diesen Mangel unserer genaueren Prüfung entzogen, und wir können daher nicht im Mindesten darüber gewiss sein, ob die Meinungen völlig richtig angeführt oder ob sie nicht nach dem Bedürfniss des Verfassers in einem etwas veränderten Lichte dargestellt sind. Zudem versichert uns derselbe ausdrücklich, dass Shakspere den von Bacon aufgestellten philosophischen Lehren, selbst wenn er ihn gekannt hätte, kaum zugethan gewesen sein würde. (p. 520.)

Demungeachtet müssen wir aus diesem Hinweis auf die philosophisch-sittlichen Anschauungen Bacons doch darauf schliessen, dass Gervinus derartige Elemente in Shakspere's Zeit für massgebend gehalten habe, und dass von diesem Standpunkte aus die oben aufgestellte Behauptung angezweifelt werden könnte.

Dagegen ist mit der grössten Bestimmtheit darauf zu bestehen, dass, wenn Shakspere sich in dieser wichtigen Frage über die Selbstbestimmung des Menschen von den

Dogmen der christlichen Kirche entfernt und in seinen
Dramen der von Gervinus ihm untergelegten Meinung das
Wort geredet hätte, er sich von der allgemeinen Stim-
mung und Richtung der Zeit völlig losgelöst haben würde.
Zugegeben auch, dass in seiner Zeit die Keime philosophischer Anschauungen, sei es in Bezug auf Religion oder
Politik lagen, und dass sich aus ihnen in späterer Zeit ein
Widerspruch gegen das Positive in diesen Gebieten ent-
wickelte, so muss doch Jeder, der sich mit den damaligen
Zuständen nur einigermassen vertraut gemacht hat, erfahren haben, dass selbst solche, die diesen Anschauungen
ergeben waren, damals noch nicht im Entferntesten an
einen solchen Widerspruch dachten. Man kann selbst behaupten, dass eine Meinungsäusserung über die Möglich-
keit, an die Stelle der aus der Offenbarung zu entnehmenden Begriffe ein anderes sittliches System zu setzen, oder
darüber, dass dem Menschen, ganz abgesehen von den aus
der Offenbarung zu entnehmenden Begriffen und Lehren
eine freie Selbstbestimmung zustehe, damals entweder gar
nicht verstanden, oder, wenn man sie verstanden hätte,
mit einem Sturm von Widersprüchen begrüsst, wenn nicht
mit den Namen der Ketzerei belegt worden wäre.

Und stände diese Wahrheit nicht an sich selbst so
fest, so würde die sittliche Anschauung, welche Gervinus
in dieser Hinsicht bei Shakspere vermuthet, aus allen seinen Dichtungen auf das Schlagendste zu widerlegen sein.
Denn wie immer die dargestellte Leidenschaft benannt,
mit welchem Worte der Lehre oder Erfahrung die Charakterbildung eines Coriolan, Antonius, Hamlet, Brutus,
Lear, kurz aller tragischen Personen dieses grossen Dichters bezeichnet werden möge, so werden wir in ihr die
vernichtende Kraft der Selbstbestimmung als den innersten
Kern des entscheidenden Motivs für den Untergang die-

ser Personen immer wieder erkennen müssen. Mit dieser vernichtenden Kraft der Selbstbestimmung ist es aber auch unzertrennlich, dass die Eigenschaften und Fähigkeiten desjenigen, der in Folge derselben sich von dem Unendlichen abwendet und dadurch seinen Untergang bereitet, das Gewöhnliche weit überragen müssen. Ohn ediese Bedingung ist ein kräftiger und unsere Theilnahme erregender Abfall vom Göttlichen undenkbar. In ihr liegt zugleich die Erklärung, dass, wie Gervinus aus dem Munde Lorenzo's in Romeo und Julia anführt, das Laster zuweilen durch die Handlungsweise geadelt wird. Dies trifft am meisten zu in der kolossalsten Schöpfung, die nicht blos unter allen Dichtungen Shakspere's, sondern auch unter allen dramatischen Gedichten der Welt am glänzendsten hervorragt, d. i. in Richard III.

Nirgends ist die Gewalt und Bedeutung der auf die eigene Kraft gestützten Selbstbestimmung, in Verbindung mit den hervorragendsten Eigenschaften, in schärferen Zügen und mit erschöpfenderer Wahrheit geschildert worden. In allen Selbstgesprächen, die wir von Richard III. hören, steht der Wille, die Kraft eines riesenhaften Willens am Anfang und Ende seiner Auslassungen. „Ich will alle Hindernisse überwinden, Alles, was mich von der Erlangung der Krone abhält, mit unwiderstehlicher Gewalt niederschlagen", das ist der wesentliche Sinn des mächtigen Selbstgespräches von Gloster im III. Theil Heinrich VI. (A. III. Sz. 2). Nach der Ermordung des unglücklichen Königs (A. V. Sz. 6) spricht sich dieser Wille, diese auf eigene Kraft stehende Selbstbestimmung noch bestimmter aus:

„Weil denn der Himmel meinen Leib so formte,
„Verkehre dem gemäss den Geist die Hölle.
„Ich habe keinen Bruder, gleiche keinem,

„Und Liebe, die Graubärte göttlich nennen,

„Sie wohn' in Menschen, die einander gleichen,

„Und nicht in mir; ich bin ich selbst allein."

Und endlich in dem bekannten Selbstgespräche, das
an der Spitze der Schlusstragödie „Richard III." steht,
sind dieser Kraft die unzweifelhaftesten Ausdrücke gegeben. Auch spielt in dem ganzen Verlaufe von Richard's
Handlungsweise eine ungeheure Kraft des Willens und
eine gewaltige Thatkraft die hervorragendste Rolle. Was
mit diesen Mitteln zu erreichen war, wird ihm in der voll-
sten Ausdehnung gewährt. Wir könnten selbst behaupten,
dass er das Maass für seine Thätigkeit niemals verfehlt,
nur müssten wir auch dieses nach Verhältniss der gewaltigen Macht des ihm angebornen Dranges nach Thätigkeit
weiter ausdehnen, als bei alltäglichen Menschen. In dieser Hinsicht ist es von tiefsinniger Bedeutung, wie alle
Umgebungen dieses übermächtigen Charakters an Kraft,
Gediegenheit des Willens und Einsicht unter ihm stehn.
Wollen wir von einem Maasse sprechen, das diese Eigenschaften der thätigen Handlung anweisen sollen, so müssen wir dasselbe in allen diesen Gestalten vermissen, wogegen Richard das von seinem natürlichen Berufe und
Drange nach einer ungeheuern Thätigkeit bedingte Maas
hält. Es dürfte daher nach der Theorie von Gervinus
scheinen, als wenn der Untergang jener unter dem gewaltigen Willen Richards, nicht seiner Tücke und Bosheit,
sondern nur ihrer Schwäche oder ihrem Mangel an
„Energie im Maasse" zur Last falle. Denn allerdings
handelt Richard, selbst da, wo er launenhaft oder von dem
Momente inspirirt scheint, stets nach besonenem Vor-
bedacht; bis zur Katastrophe verfehlt er nie das Ziel,
nach welchem er schlägt und zu dessen Ende er den
Schlag geführt hat. So trifft es denn bei ihm vollständig

zu, dass auch das Laster durch die Handlungsweise geadelt werden könne. Auch muss es das poetische Ziel
der ganzen Dichtung gewesen sein, dass wir von seiner
Erscheinung mit einem Gefühl von Ehrfurcht erfüllt werden, da selbst sein Fall noch durch eine übermenschliche
Tapferkeit verherrlicht wird.

Gedenken wir hingegen des Urtheils, das darin allgemein übereinstimmt, in diesem Richard III. den furchtbarsten Abfall von jedem Gebote der Sitte und Religion
zu erkennen, und stellen wir daneben alle die Wahrneh-
mungen der erschöpfenden Kunst, womit der grosse Dichter in diesem Bilde die äusserste Gewalt einer grossen
und gewaltigen Selbstbestimmung vor unsern Augen ent-
faltet, so wird es nicht fasslich sein, wie er in dieser den
Boden für die sittliche Ausbildung des Menschen habe
sehen können.

Noch bleibt ein Einwand übrig; und er betrifft den
wichtigsten Punkt unter Allen. Deshalb habe ich seine
Besprechung bis zuletzt verspart. Gervinus belehrt uns
p. 557 folgendermassen:

> War der erste Eindruck, den Shakspere aus der
> Betrachtung der Bewegungen des Lebens zog, die
> Ueberzeugung, von unserer Verpflichtung, die an-
> geborne handelnde Kraft zu brauchen, so war der
> zweite, wie wir andeuteten, die Einsicht der Noth-
> wendigkeit, dass diese Kraft durch Vernunft und
> Gewissen richtig gesteuert werden müsse.

Es liegt nahe, dass von diesem Standpunkte aus nachgewiesen werden könnte, wie irrthümlich und falsch Alles
sei, was ich bisher gegen die Lehre von der Selbstbestimmung ausgesprochen habe. Denn — so wird man argu-
mentiren — die von mir als Veranlassung zum tragischen
Untergang dargestellte Selbstbestimmung ist eben deshalb

die falsche und vernichtende, weil sie nicht der Leitung
von Vernunft und Gewissen unterstellt ist, sondern sich
mit diesen beiden Faktoren einer gesunden sittlichen Anschauung in den heftigsten Widerspruch setzt. Das ist
mindestens bei allen den Charakterbildern, die oben genannt worden sind, der Fall. Indem in ihnen die Leidenschaft den Zügel führt, irren sie sowohl von der Vernunft,
als auch von dem Gewissen ab, oder mit andern Worten,
indem sie dem höchsten sittlichen Gesetze widerstreben,
setzen sie sich in Widerspruch mit der Vernunft — denn
der Natur nach müssen ja die Anschauungen dieser mit
dem höchsten sittlichen Gesetz in eins zusammenfallen —
und indem sie das Gegentheil von dem thun, was gut
und recht ist, entziehen sie sich der Leitung des Gewissens,
weil dieses nur das Gute und Rechte als Ziel unserer
Handlungen aufstellen kann. Auch bei Hamlet, dem man
doch unmöglich Vernunft und Gewissen absprechen kann,
wird man diese Lehre geltend machen wollen, weil ihm
der erste Faktor zur Erreichung des höchsten menschlichen Zieles, d. i. die Thatkraft fehle.

So schlagend und überzeugend diese Auseinander-
setzung scheinen könnte, so ist sie dennoch an sich selbst
falsch und in Bezug auf Shakspere's Dichtungen nicht im
Mindesten zutreffend, weil sie der christlichen Anschauung
über das höchste Ziel des menschlichen Daseins entschieden zuwiderläuft und deshalb bei dem Urtheil über die
Poesie Shakspere's nicht einschlagend sein kann. Warum
dies behauptet werden dürfe, liegt zunächst in der ursprünglichen Bedeutung des Gewissens. Dies ist und kann
nichts anders sein, als der jedem Menschen von Gott
selbst verliehene Trieb seinen höchsten Beruf zu erkennen und zu erfüllen. Ob dieser Trieb mit dem Ausdrucke
— „die Gottheit im Busen" — Gervinus p. 553 — rich-

tig bezeichnet werde, darüber wollen wir nicht streiten.
Gewiss ist er etwas so Ursprüngliches, dass an eine Entstehung desselben aus menschlicher Kraftanstrengung oder
Willkühr nicht im Entferntesten gedacht werden kann,
und eben so gewiss ist er von unmittelbarer göttlicher
Eingebung so unleugbar bedingt, dass wir nicht anstehen
können, in ihm den Drang nach dem Gottesbewusstsein
zu erkennen. Aus demselben Grunde kann er nicht von
Haus aus mit der Vernunft Hand in Hand gehn. Während er von vornherein nach dem Umfasslichen hinauf-
weist, ist dieser im geraden Gegensatz dasjenige, was fasslich und begreiflich ist, als Ziel und Gegenstand ihrer
Thätigkeit gestellt. Müssen daher beide Seelenkräfte ur-
sprünglich entgegengesetzte Richtungen verfolgen, so ist
zwar darin die absolute Unmöglichkeit ihrer Vereinigung
und Versöhnung nicht unbedingt begründet; wohl aber
liegt es wesentlich in diesem Umstande, dass alle Versuche
und Anstrengungen, die Versöhnung aus eigner menschlicher Kraft zu finden, niemals ihr Ziel vollständig erreichen können, sowie es denn überhaupt unmöglich ist, dass
der Mensch auf dem Wege der Fassungskraft sich in den
geistigen Besitz dessen setze, was an sich selbst unfasslich
ist. Hierher würde Alles gehören, was nicht über das
Unzulängliche allein, sondern selbst über das Unvernünftige aller nur aus den Naturanschauungen mit Hülfe der
Vernunft abgeleiteten Gottesverehrungen ausgesprochen und
nachgewiesen werden könnte. Ist das Gewissen auf das
Unfassliche oder Höchste in der Natur gerichtet, so muss
es auch in erster Stelle die Quelle der Gottesverehrung
oder Religion werden. Schon diese aus der gesammten
Geschichte der Menschheit einleuchtende Thatsache belehrt
uns darüber, wie fruchtlos und zweckwidrig es ist, wenn
man bei dem Bestreben, sich das im Unendlichen liegende

Ziel des Menschen zu versinnlichen, Vernunft und Gewissen auf eine Stufe stellen oder gar das Gewissen der Vernunft unterordnen wollte. Dass der Widerstreit, der zwischen beiden Seelenkräften liegt, nur auf dem Wege einer unmittelbaren göttlichen Offenbarung seine Versöhnung finden kann, sollte daher niemals der Gegenstand des Streites oder des dauernden Zweifels werden können, weil schon im Beginn einer solchen Erörterung der zweckwidrigste Standpunkt eingenommen werden müsste.

Auch beweist es die Erfahrung, dass alle Versuche auf diesem Wege die Ausgleichung zu finden, sei es in der Annahme des Deismus, des Materialismus, Pantheismus oder des Rationalismus, selbst bei dem erschöpfendsten Scharfsinn in der Aufstellung der Vordersätze, schliesslich auf einen Endpunkt hinauslaufen, wo alle Vernunft aufhört oder, so zu sagen, dem menschlichen Geiste zugemuthet wird, das Unvernünftige für vernünftig zu halten. Schon hierin liegt eine erneute Veranlassung, anzunehmen, dass der grösste Dichter der neueren Welt auf diesem Wege den Grund und Boden seiner sittlichen Anschauungen nicht gesucht noch gefunden haben könne; denn keiner Richtung der menschlichen Geistesthätigkeit wiederstrebt das absolut Unvernünftige mehr, als der Poesie. Wäre es nicht der Fall, dann müssten wir derselben ein Ziel stecken, das von dem bisher anerkannten die entschiedene Kehrseite darstellte. Wurde es bisher für ausgemacht gehalten, dass dieselbe nur in der begeisterten Enthüllung der tiefsinnigsten Wahrheiten ihr Ziel suchen dürfe, so nahm man freilich wohl an, dass sie von Anschauungen reden müsse, die über der Fassungskraft der Vernunft stehn; doch konnte und durfte sie niemals darauf gerichtet sein, uns Anschauungen zu bieten, die wider alle Vernunft stritten; und in dieser Beziehung war

es denn auch, dass derselben beim Beginn dieser Auslassung eine prophetische, in die tiefsten Räthsel des menschlichen Daseins eindringende Kraft zugesprochen wurde.
Wenn ferner darauf hingewiesen wurde, dass selbst
der grösste Dichter, wiewohl er weit über seine Zeit her-
vorragen mag, von derselben doch niemals losgerissen sein
kann, so wurde auch damit schon die Gewissheit ausgesprochen, dass Shakspere, in einer christlichen Zeit lebend
und athmend, auch diese tiefsinnigste aller sittlich-religiösen
Fragen über das Verhältniss zwischen Thätigkeit, Vernunft und Gewissen nur von dem christlichen Standpunkte
aus betrachtet haben könne.

Was endlich von der vorherrschenden Gewalt Shakspere's über die Gemüther, was davon bemerkt worden
ist, wie er seit seinem Erstehen vorzugsweise die Liebe
seiner Verehrer gewonnen hat, würde geradezu undenkbar sein, wenn ihm der Drang nach Thätigkeit oder die
Selbstbestimmung unter der Leitung der Vernunft und
des Gewissens für den höchsten Faktor zur Begründung
seiner sittlichen Anschauungen gegolten hätte. Denn, wie
auch seit seinem Auftreten auf diesem Gebiete gestritten
und gestrebt, gedacht und gegrübelt worden sein mag, so
ist es doch trotz aller Anstrengungen des scharfsinnigsten
Verstandes nicht möglich gewesen, die Herzen der Allgemeinheit von dem Glauben an die christliche Offenbarung
loszureissen.

Wozu sollte daher über diesen Vordersatz noch mehr
ausgesprochen werden? Steht derselbe fest, dann wird
nur noch die höher stehende Frage zu beantworten sein,
in welchem Verhältniss das Gewissen und die Vernunft
zu der menschlichen Lebensthätigkeit nach christlicher
Anschauung stehn müsse. Die Antwort ist aus dem Vorhergehenden gegeben. Ist das Gewissen der ursprüng-

liche Trieb des Menschen seines höchsten Berufes sich bewusst zu werden, so liegt darin selbstverständlich auch das Bedürfniss denselben erreicht zu sehn; und ferner muss seine Befriedigung um so genügender erfolgen, je höher das Endziel dieses Berufes gesteckt wird. Denn ist er selbst aus dem Unendlichen erflossen, so wird auch sein unauslöschliches Bedürfniss nur in dem Unendlichen seine Befriedigung finden können. Und das ist es denn auch, was an der Spitze unserer Offenbarung steht, indem sie uns verkündet, Gott habe den Menschen erschaffen, sich zum Bilde, Gott selbst habe ihm den lebendigen Odem eingeblasen. Ist auch der schönste Theil der in dieser Verkündigung liegenden unmittelbaren Gemeinschaft mit Gott selbst durch die Hinfälligkeit und Schwäche des Menschen im Sündenfalle verloren gegangen, so hat dennoch der in Gerechtigkeit, Liebe und Barmherzigkeit unerschöpfliche Vater unseres Daseins den wunderbarsten Weg zu unserer Erlösung gefunden, und es ist uns im neuen Bunde das Mittel geboten, die verscherzte Gottesgemeinschaft wieder herzustellen, insofern wir bereit sind unseren Willen dem Willen des Schöpfers zu unterwerfen. Hiernach kann daher im Bereiche christlicher Anschauungen von einer dem Menschen zustehenden Selbstbestimmung, wenn die Handlungen desselben von dem Gewissen geleitet werden sollen, nicht mehr die Rede sein. Denn indem dieses, nach der Befriedigung seines höchsten Bedürfnisses in der Gottesgemeinschaft drängend, stets auf den Willen des göttlichen Vaters hinweist, muss es jede Einwirkung des eigenen Willens zurückweisen, sobald er mit jenem nicht in vollem Einklang steht. Doch wo bleibt dann die Vernunft? Sollte sie, die doch eine Gabe Gottes ist, so gut, wie das Gewissen bei der Berathung unserer höchsten geistigen Bedürfnisse keine Stimme haben? Oder sollte sie in dieser grossen Frage sich einer Verkündigung und Anordnung unterwerfen müssen, die sie offenbar nicht zu fassen vermag? Es wird wenige Menschen gegeben haben, die vor oder während ihrer völligen Hingebung an die unmittelbare Offenbarung diese ernsten Fragen nicht aufgeworfen hätten. Dass die Verkündigung und Anordnung über der Fassungskraft der Vernunft liegt, wer wollte das läugnen? Die Schwierigkeit beruht nicht sowohl darauf, dass ein Vater, der aus freier Liebe ein Geschöpf nach seinem Bilde geschaffen hat, das Geschöpf mit derselben Liebe zurückruft, wenn er es aus dieser Liebe fallen sieht. Denn hier scheint eins aus dem Andern zu folgen. Weit schwerer wird es der Vernunft werden, sich von der schaffenden Liebe selbst eine Vorstellung zu machen, und da an der Annahme dieses Vordersatzes schliesslich doch Alles hängt, so mag wohl — wie denn auch die Erfahrung bestätigt — die Vernunft geneigt sein mit dem Zweifel sofort beim Vordersatze zu beginnen. Nun ist aber doch das Bestehen, Leben, Wirken und Handeln des Menschen so gut, wie die Welt, in der er sich bewegt, eine Thatsache. Mit welcher Sorgfalt, Mühe und Anstrengung auch dem ersten Ursprung dieser Thatsache nachgespürt worden ist, hat es dennoch bis jetzt keiner Theorie — und wäre sie noch so scharfsinnig ersonnen — gelingen wollen, für denselben einen vernünftigeren Grund nachzuweisen, als, dass er von einem, allerdings unbegreiflichen Wesen, ausgegangen sein müsse. Also die Vernunft ist nicht im Stande in dieser Beziehung etwas Vernünftigeres auszusprechen, als uns in der Offenbarung verkündigt wird. Auch wird sie eingestehn müssen, dass, wenn gleich diese Verkündigung ihre Fassungskraft übersteigt, sie dennoch nicht unvernünftig ist. Sollte daraus nicht folgen, dass, wenn der höchste Trieb der Seele,

und sei derselbe noch so geheimnissvoll, in dieser Verkündigung seine Befriedigung findet, die Vernunft als die
jenem Triebe unfehlbar untergeordnete Begabung sich
unterwerfen müsse? Die Berechtigung dieser Forderung
wird dadurch noch mehr einleuchten, dass jener Trieb
niemals völlig zum Schweigen gebracht werden kann,
während doch, wie die Erfahrung lehrt, die Vernunft im
Kampfe mit Neigungen und Begierden unendlich oft un-
terliegt und oft für immer verstummt. Es wird daher
auch darüber nicht gestritten werden dürfen, dass der
Trieb nach dem Gottesbewusstsein thatsächlich von grösserer
Macht und Gewalt ist als der nach der Erkenntniss. Dazu
kommt, dass von einem Ausschliessen der Vernunft bei
der Annahme der versöhnenden Liebe gar nicht die Rede
ist. Vielmehr ist es die Vernunft, der die Bekräftigung
der Zusage aus den Thatsachen, die ihrer Erkenntniss
zugänglich sind, in erster Stelle obliegt, da hierin selbst
das Gewissen ihr nachstehn muss. Und sollte wohl der
Fall denkbar sein, dass die Vernunft aus dem Weltall und
seiner Betrachtung einen Schluss ziehn könnte, woraus die
absolute Berechtigung folgte; dass die Offenbarung in
ihren wesentlichen Grundzügen umzuwerfen sei? Es versteht sich von selbst, dass hier nur von einer Vernunft
die Rede ist, die den Willen hat, das zu erfassen und zu
begreifen, was ihr dargeboten wird, von einer Vernunft,
der die Begierde sich selbst auf Kosten der übrigen
Seelenkräfte allein geltend zu machen, fern steht. So weit
ist es unzweifelhaft, dass in der Rechtfertigung des Glaubens die Vernunft eine wesentliche Rolle zu spielen hat,
wenngleich in dem Empfängnisse desselben das Gemüth
oder das Herz, das allerdings der Sitz des Gewissens ist,
den Vortritt haben muss.

Noch bleibt die grosse und gewichtige Frage, wie sich

die Freiheit des Menschen zu dieser Verkündigung verhält? Sollte nicht die Freiheit des Willens gänzlich aufhören, wenn, wie oben gesagt ist, die Annahme der Erlösung nur auf die Bedingung, jeder Selbstbestimmung zu entsagen und den eigenen Willen dem göttlichen Willen zu unterwerfen, gestellt ist? Auch diese Frage wird kaum irgend Einem erspart werden, der die Gesammtlehre der Offenbarung in sich aufzunehmen bestrebt ist. Das Opfer scheint gross, ja fast unerschwinglich, dass die Vernunft gleichsam nur eine dienende Stellung einnehmen und die natürliche Freiheit des Willens aufgegeben werden soll; und doch, was ist der Preis des Opfers? Gemeinschaft mit Gott! Ein ungeheurer Preis, wenn er nur zu fassen wäre! So mag der schwache Wille mit Hilfe der zweifelnden Vernunft sprechen. Und doch kann selbst die Vernunft mit allen ihren Fähigkeiten nicht in Abrede stellen, dass gerade in diesem scheinbaren Opfer die höchste menschliche Kraft, die ausgedehnteste menschliche Freiheit ausschliesslich liegt. Es könnte ja nur Eigensinn und muthwillige Verblendung sein, wenn man das Auge gegen die Erfahrung der ganzen Weltgeschichte verschliessen, wenn man völlig übersehn wollte, dass in der gebotenen Unterwerfung unter diese Verkündigung die gesammte Menschheit zu einer Erhabenheit von Kraft und Freiheit gelangt ist, nach der wir vor derselben vergebens forschen. Freilich wohl müssen die Träume von einem goldenen Zeitalter, wie es bald von einer poetischen Phantasie, bald auch von philosophischer Schwärmerei vorgespiegelt worden ist, als reine Hirngebilde aufgegeben werden. Ich müsste mich nur wiederholen, wenn ich noch einmal daran erinnern wollte, dass, wenngleich unser ganzes irdisches Dasein auf einen immerwährenden Kampf zwischen Erleuchtung und Irrthum, zwischen Glauben und Wissen, kurz zwischen

den entgegengesetztesten Richtungen unseres geistigen Ver-
mögens angewiesen ist, dieser Zustand eben so wenig für den
Zweck unseres Daseins angesehn werden kann, als es ver-
nunftgemäss ist den einzigen Beruf des Menschen in der
Uebung seiner Thatkraft nach eigener Selbstbestimmung
oder den Zweck der allgemeinen Weltbewegung in der
Bewegung selbst erkennen zu wollen.

Zum Schluss ist nur noch daran zu erinnern, dass
selbst Gervinus etwas Aehnliches muss geahnet haben,
da er p. 566 wörtlich sagt:

> „Die Autonomie und die Selbstsucht des Individu-
> „ums wäre ihm (Shakspere) ein Gräuel gewesen,
> „die starkgeistig alles Gesetz in Politik und Sitte
> „anfeindet und sich über die Bande der Religion
> „und des Staates hinwegsetzt, die seit Jahrtausenden
> „die Welt erhalten.“

Es würde nicht billig sein diesem Satze in dem Zusammenhange mit dem, was voransteht, deshalb jeden Sinn
oder jede Berechtigung abzusprechen, weil er sich mit
allen vorhergehenden Auslassungen in den schroffsten
Widerspruch setzt. Denn gewiss hat der Verfasser nicht
die Absicht gehabt, etwas völlig Widersinniges zu schreiben.
Doch prüfen wir den Sinn desselben genauer, so kommen
wir zu dem Resultate, dass auch in ihm die Anforderung
liegt der subjectiven oder natürlichen Freiheit zu entsagen
und sich bestimmten Gesetzen zu unterwerfen. Anderer-
seits aber vermissen wir in den Vordersätzen jeden nur
annähernden Anhalt darüber, wo der Boden für die Dauer
und die Unwandelbarkeit derjenigen Gesetze und Bande
zu finden sei, welchen die Autonomie des Individuums,
mit anderen Worten die von demselben Verfasser mit
grosser Bestimmtheit vertheidigte Berechtigung zur Selbstbestimmung aufgeopfert und unterworfen werden solle.

Allerdings fehlt es uns nicht an mannichfachen Meinungen.
Doch, abgesehn davon, dass diese Meinungen und Ansichten
des Verfassers über eine in das Herz des Menschen ge-
schriebene Offenbarung, über ein Licht der Natur, über
eine mit Vernunft und Gewissen in Einklang zu bringende
Selbstbestimmung und dergleichen mehr, unter sich selbst
in gegenseitigen Widersprüchen befangen sind, muss uns
noch der weit wichtigere Zweifel nahe treten, ob denn
diese Meinungen und Ansichten nach dem von ihm selbst
aufgestellten Grundsatze des Zweckes von der Bewegung
in der Bewegung selbst, nicht an allzugrosser Wandelbar-
keit leiden, um für Gesetze und Verpflichtungen, denen
wir unsere Freiheit aufopfern sollen, den Boden abgeben
zu können? Denn sollten nach dem ewigen Gesetze der
Bewegung auch diese einer beständigen Wandelung unterliegen, so wird es nicht denkbar sein, aus ihnen einen
positiven Staat oder eine positive Religion ableiten zu
wollen. Sobald aber diese uur in der Einbildung bestehn
oder nur auf wandelbare Meinungen gegründet sein sollen,
wird die Forderung, sich denselben zu unterwerfen, weit
härter und misslicher, als wenn dieselbe darauf gestellt
wird, die subjective Freiheit einer Verkündigung aufzu-
opfern, deren harmonischer Zusammenhang mit der ganzen
ewigen Weltordnung unschwer zu erkennen ist, sobald
man dieser Erkenntniss nicht eigensinnig widerstrebt. Ja
man darf behaupten, alle Vorwürfe, welche gegen die
Tyrannei des Buchstaben, gegen die Willkühr menschlicher
Satzungen, gegen verfinsternden Mysticismus erhoben
worden sind, finden hier nicht minder ihre volle Berechtigung. Denn was ist es denn, was uns in diesen Ver-
irrungen beschwert? Es ist nichts Anderes als die An-
maassung, die menschliche Meinung über das unendliche,
mit andern Worten, das göttliche Gesetz in der ewigen

Weltordnung zu stellen. Wir sehn daher unzweifelhaft, dass, indem wir auf der einen Seite einer vermeintlich tyrannischen Willkühr entgehn wollen, wir auf der andern Seite einer weit bedrückenderen Herrschaft zueilen, die überdies noch in der Ungewissheit und Dunkelheit dessen, was sie fordert, maassloser ist, als der finsterste Mysticismus.

Darüber wird es daher keines Wortes weiter bedürfen, dass auf diesem Wege eine nur annähernde Aufklärung über die sittliche Bedeutung Shakspere's unmöglich gefunden werden kann. Vielmehr müssen wir auf demselben fast zu einer verworreneren Anschauung über ihn gelangen, als diejenige war, welche im vorigen Jahrhundert vorzugsweise das Wort über ihn führte.

— —

Druck: Wilhelm Baensch. Leipzig.